縁《えん》食《しょく》論《ろん》

孤食と共食のあいだ

藤原辰史

縁食論
——孤食と共食のあいだ

藤原辰史

目次

第1章 縁食とは何か
――孤食と共食のあいだ

第2章　縁食のかたち

第3章　縁食のながめ

1　弁当と給食の弁証法

2　無料食堂試論

第5章　縁食の人文学

第1章

縁食とは何か
——孤食と共食のあいだ

孤食の宇宙

ひとりぼっちで食べることを「孤食」あるいは「個食」と呼ぶことが珍しくなくなった。「孤食」はひとりぼっちで食べること、「個食」は同じテーブルやちゃぶ台を囲んで座っていても別々のものを食べること、というふうに、分けて使うことも少なくない。この概念の区別にしたがって、ここでは「孤食」について考えてみたい。

孤食は評判が悪い。しかし、親友たちと食べることにも負けないくらい楽しいこともあるし、気が楽なときだってある。この批判用語には、どこか「家族絶対主義」の匂いがしなくもない。家族絶対主義とは私の造語だが、家族の崩壊が世の中の崩壊の最大の原因である、家族の幸福が世の中の幸福の中心にある、という近代市民社会でよくお目にかかる考え方のことだ。家族がきちんと機能するためには、それをめぐってさまざまな人間関係が重なり合っていることが重要なのだが、とりあえずこの点については本書でこれから述べていくので、孤食の話題に戻ろう。

どちらかというと複数で食べるほうを好む私でさえも、孤食が愉快に感じることも少なくない。たとえば、こんな体験がある。出張で仙台を訪れたとき、駅構内にある、安価な立ち食いの寿司屋にひとりで入ったが、ここに立っているあいだ、寂しさを感じるヒマもスキもなかった。板前さんたちのなめらかな手の動きを間近に観察するだけで飽きないし、となりに立っている常連客たちの慣れた手さばきにもつい目がいく。立ち食いは、もちろん、江戸前寿司が江戸時代末期に誕生したときの形態だったわけだから、食べものと店の雰囲気も馴染んでいるのもうなずける。とても狭い店内にびっしり貼ってある品書きを眺め、ときに財布と胃袋の意見にも耳を傾けながら、旬《しゅん》の握り寿司を口に放り込んでいく。気に入ってしまった。スーツケースをゴロゴロ転がしながら出張期間に二度も暖簾《のれん》をくぐった。そのあいだ、会話は、板前さんと二言三言、注文と勘定のときに少しだけ交わされたにすぎない。

孤食が進化を遂げることもある。秋田県立図書館で農民作家伊藤永之介《えいのすけ》の史料を調査したあと、あまりにも伊藤作品に濁酒《どぶろく》が登場するものだから、お酒が飲みたくなった。猛烈な吹雪のなか這々《ほうほう》の体《てい》でたどり着いた川魚の居酒屋で、ひとりチビチビ地酒を楽しんでいるうちに、ご主人と意気投合して会話が盛り上がった。どうやら、このご主人、お酒を提供するだけでは飽き足らず、遠くの酒屋で地酒を造る手伝いをして、ついに自分の酒を醸造するところまでやったというヴァイタリティの持ち主。話が面白くてすっかりいい気分で酔っ払ったのだが、そのあと、どうやって氷点下の外に出て宿にたどり着いたのか覚えていない。なんとも賑やかな孤食であった。そういえば、ひとりで入った居酒屋でとなりの客と盛り上がる「孤食のち共食《きょうしょく》」というパターンも珍しくないだろう。

いやいや、店の主人と話をしている時点で孤食とは言いがたい、孤食の風上《かざかみ》にもおけない、という孤食主義者、すなわち一言もしゃべらない食べ方こそが最高のあり方と考える人びともいるかもしれない。そういえば、歴史研究者であれば、こんな孤食を体験することもあるだろう。ドイツの公文書館でナチス関係のファイルを漁《あさ》るときは、お昼の時間がもったいないので、バターを塗ったパンにチーズとハムとレタスを挟んだサンドウィッチをあらかじめ用意することが多い。公文書館の休憩室で食べるのだが、ここにはロッカーが並んでいて、あとは簡素なテーブルと椅子、自動販売機が置いてあるくらいだ。そのモーター音以外何も聞こえない静けさが支配している。しばらく食べていると何かが降りてくる。サンドウィッチをもぐもぐしながらナチ時代の政治家と対話を始めるのである。「このヒトラーの命令には正直カチンときたのではないですか」。「じつは、あのときの総統の言い方は……」。孤食は、このように「死者との共食」に進化することもありえるだろう。

現在、日本で、久住昌之《くすみまさゆき》原作、谷口ジロー作画の漫画『孤独のグルメ』が人気だ。漫画を原作にしたテレビドラマは日本のみならず韓国でも放映されていると、韓国の研究者仲間が教えてくれた。主人公はたしかに孤食である。ひとりで仕事の途中などにおいしそうな店を探して立ち寄り、注文して一品一品に自分の心のなかで感想を言いながら、じっくり味わい尽くす。だが、ひとりで食べている主人公に寂しさはない。主人公の言葉を主人公自身が反芻《はんすう》する、饒舌《じょうぜつ》な作品とさえ言えるし、ほかの客や料理人、あるいは料理の運び手との距離が近くて、意外に賑やかな空気を醸《かも》し出している。

もちろん、逆のパターンもある。完璧な共食の条件が整っているにもかかわらず、あまり有意義ではない孤食に退化することも少なくない。たとえば、おいしい旬の食べものを雰囲気のいい居酒屋で囲みながら、初めて出会う人たちと言葉を交わす席で、他人の意見をあたかも昔から知っているかのように聞き流し、すべて自分の論理と自慢にすり替えようとする人、あるいは、できたての料理をしばらくほったらかしたり、料理の説明に耳を傾けなかったり、味わうことなくひたすら胃袋に流し込んだり、作った人への敬意に欠けた人たちと同席しているとき、どれほど魅力的な料理が出てきても、どれほど会話に参加しているようでも、孤独感に苛《さいな》まれる。共食が孤食に勝るとは、かならずしも言い切れないのである。

しわ寄せ引き受け装置

ただやはり、ひとりで食べることを望まないのに、ひとりで食べるのは寂しい。しかも、ひとりぼっちで食べることが社会的に強制されているのだとしたら、それはやはり問題だと言わざるをえない。孤食という造語が批判してきたのは、まさにこの現象であった。家族で食べたいけれども両親ともに夜遅くまで働いていて両親と食べられない子どもたちが夜、テレビを観ながら電子レンジで温めた夕食をつつくことが、「子どもたちがかわいそう」という感情を伴いつつ問題視されてきた。しかしこのような物言いのときに注意すべきなのは、人びとの批判の矛先《ほこさき》が、両親、とくに母親に向かい、親を家庭に帰さない職場や、遅くまで働かざるをえないほど法外な賃金の低さを許す社会にはなかなか向かないことである。

「家族は、社会の自然かつ基礎的な単位として、尊重される。家族は、互いに助け合わなければならない」というような家族絶対主義的な道徳訓が求められるのも、こうした孤食の問題と無関係ではない。二〇一二年四月二七日、サンフランシスコ講和条約発効の日に合わせ、その前日に自由民主党が発表した『日本国憲法改正草案』第二四条にこの文言が書き加えられたが、さらに孤食禁止法のような法律が制定されて子どもにひとりでご飯を食べさせたら罰則が与えられることになれば、孤食も解消されるかもしれない。けれども、それだけでは孤食の問題の本質はなんら解決されない。孤食の原因はますます両親に、とりわけ母親に向かうようになる。家族がバラバラだから子どもの心に闇がもたらされる、とか、一家団欒《だんらん》は子どもの心に安定をもたらす、とかいうような学者の「分析」がますます効力を持ち、勝手に「原因」に位置づけられる母親は、とくにシングルマザーは家族の生活のために必死に働いているにもかかわらず「憲法違反」と断罪される日が来るかもしれない。孤立無援の家のなかで乳幼児が亡くなる事件があると、いつも批判は社会のあり方ではなく、母親に向かいがちだ。ニュースを聞いてこみ上げるものが、家族絶対主義によって、個人への批判に落ち着いてしまう社会こそ、問われなくてはならないのに。

このような状況が放置されてきたのは、よく指摘されるように、いま日本で票を集めている政治家たちの家族観が懐古的だから、だけではない。むしろ、政治家たちの懐古的な家族観は時代の先端と相性がいい。つまり、小さな政府は、社会保障費を削るためにも家族のケア力に任せたくてたまらないのである。

あまり指摘されないけれども、自由民主党改憲草案第二四条の新設の項目にある家族同士が助け合わなければならない「義務」をもっとも歓迎するのは、家族の大切さを説く心理学者や道徳家や宗教家ではなく、非正規雇用を推進する企業である。「家族は助け合わなければならない」という道徳が法律になれば、論理的には、企業に非正規的に雇われている労働者がたとえ賃金が低くても、たとえ福利厚生が薄弱にもかかわらず正規雇用者よりも能力が高いがゆえに仕事が集中しても、それによって生じる問題を憲法の名の下に家族に責任転嫁《てんか》できるようになるからである。家族を国家の中枢に据えるという道徳家たちの野望とはうらはらに、家族は経済成長の補助組織に成り下がる。というのも、同じ党の掲げる改憲草案の前文には「我々は、自由と規律を重んじ、美しい国土と自然環境を守りつつ、教育や科学技術を振興し、活力ある経済活動を通じて国を成長させる」とはっきり書いてあるから。「活力ある経済活動を通じて国を成長させる」ことが「我々」の目標として前文に書かれる。こうした理念が崩落した憲法の下であれば、家族は、その独特の利点も無視され、ただ、経済活動がもたらす問題のいわば「しわ寄せ引き受け装置」として期待されることになるだろう。

共食という袋小路

しかしながら、とりわけ孤食の問題を考えるとき、以上のような未来が本当にやってくるかもしれない責任を、すべて政治家たちに押し付けるのも見当違いだろう。自戒を込めていえば、私たちはそもそも主権者であり、そのような政治家を放任している責任があるのだし、食の問題を考えるための道具が機能不全を起こし始めていることも認めざるをえない。食の研究にたずさわる人間がもっと敏感でかつ論理的であれば、主権者は、もっと広い観点から孤食を分析することができるだろう。その人間たちが用いる道具のなかでもとりわけ問題なのが、孤食と共食というペア概念である。

なぜ問題かといえば、これらの概念だけではしばしば袋小路につきあたるからである。すでに知られているとおり、共食とは、狭義には、神に供えた食べもののおこぼれを、その神をあがめる共同体の構成員たちがシェアする儀式の形態を意味し、広義には、共同体の構成員で同じテーブルを囲んで食事することを意味する。

共同体という言葉を用いたのは、共食という概念が人の集まりとして親密である状況を説明することを強調したかったからである。家族、親戚、集落の構成員、場合によっては親友などが、同じテーブルを囲んで、同じ食べものを食べ、ゆっくりと時間を共有する。あるいは、そういった集団のなかで、あるものを食べないという決まりを持つ。とりわけ後者、すなわち食のタブーは宗教集団で重要な役割を果たす。「ともに食べること」と「ともに食べないこと」が、共同体の絆を深める機能を持つことは多くの人類学者や社会学者によって指摘されてきた。

こういう学的背景も手伝って、私たちはしばしば孤食を克服する概念として共食を置いてきた。しかし、あまりにも私たちは共食に期待をかけすぎていないだろうか。こころとからだに痛みを覚えながら、それでもひとりぼっちで食べざるをえない子どもたちに居場所を与えるヴィジョンとして、あまりにも一家団欒というイメージに拘泥《こうでい》しすぎてこなかっただろうか。端的にいえば、孤食という険しい山を登りきることができる集団は、家族だけなのだろうか。

子ども食堂の「弱目的性」

ここ数年、「子ども食堂」が全国で急速に普及している。「NPO法人全国こども食堂支援センター・むすびえ」のホームページに掲載されている『全国箇所数調査二〇一九年版』によると、二〇一六年五月の段階で、全国に三一九ヵ所あった子ども食堂は、二〇一八年に二二八六ヵ所、二〇一九年六月には三七一八ヵ所にまで急激に増加している。三年間で一一倍を超える伸び幅だ。しかもこの数は、法人の理事長を務める湯浅誠《まこと》が述べているように、全国の児童館数四〇〇〇にほど近く、全国の中学校数一万、小学校数二万という数字と比較しても、いかに多いかがわかるだろう（湯浅誠「こども食堂の過去・現在・未来」『地域福祉研究』四七号、二〇一九年、一八頁）。地域の子どもたちや親が忙しかったり、貧困に悩まされていたり、経済的に満たされた家庭でも寂しかったり、単に地域の大人や子どもと一緒に過ごしたいと思ったりして、誰かとおいしいご飯が食べたい子どもたちのために、地域のボランティアが、運営費不足と人員不足に悩まされながらも、夕食を無償もしくは安価に提供する食堂である。

湯浅誠が繰り返し述べるように、子ども食堂は、貧困家庭の子どものためという目的だけで成り立っているのではない。地域の交流活性化（もう少し砕けた言い方をすればダベり場）という目的も重要であり、これらの「二本足」で立つ実践だ、というところが興味深い。「縁食」がはらむ弱目的性と解放性を、子ども食堂は見事に体現しているからだ。「弱目的性」というのも私の造語だが、目的をあえて強く設定せず、やんわりと複数の目的に目配せしながら大さく広く構えてみる、という程度の意味である。ちなみに、このような思考や構えというのは、ＡＩよりも人間のほうが格段に優れていると私は思うのだが、この問題についてはここでは立ち入らないでおこう。

たしかに、子ども食堂勃興の背景には、貧困問題の深刻化があったことは間違いない。二〇一五年の日本の子どもの相対的貧困率は一三・九パーセントで、七人に一人が貧困状態であった。相次ぐ規制緩和の連発で企業の人的コストを削減するための非正規雇用労働が激増し、二〇〇八年のリーマン・ショックが追い討ちをかけ、経済格差が広がるなか、いまも子どもの貧困がますます深刻化している。子どもの貧困を緩和するために、子ども食堂は、国家ではなく、地方自治体でもなく、地域という枠組みでボランティアの人びとが子どもたちの孤食を防ぎ、絵本の読み聞かせや、ミニ音楽会などの開催をし、貧困家庭を援助する役割を果たそうとしている。

しかし、そればかりではない。愛知県の子ども食堂にボランティアとして関わっている社会学者の成元哲《ソンウォンチョル》は、「コロナ禍の子ども食堂」という論文のなかで(『現代思想』青土社、二〇二〇年八月号、四九―五六頁)、子ども食堂は、東日本大震災の翌年に登場したが、それは震災や原発事故によって人間の関係性の欠陥があらわになり、そこを埋め合わせるように関係性が再編されるなか、生じたものであると説明している。そして子ども食堂の意義として「子ども食堂を支える側もこの居場所に救われるところがあった。子ども食堂は支える側にも新しい役割を与えたり、地域社会において思わぬかたちの出会いや地域のつながりをもたらしたりするなど、心の拠り所の一つとして機能している」と述べている(五一―五二頁)。

こうした「子ども食堂」の試みを「公衆食堂」の歴史の一部としてとらえ、その歴史的展開と現在の展望をある研究会で発表したとき、私は、ベテランの研究者から、「公共の食堂は国家の手の届かないところを補完するだけであって、その原因となる貧困や労働条件の問題そのものの解決にはならない」という批判を受けた。

たしかに、国家が進める経済政策、とくに規制緩和の矛盾を緩和する補助機関として子ども食堂を位置づけることは間違いではない。地域のボランティア精神が社会保障の欠陥を補うために用いられているという見方もありえよう。

だが、私のとらえ方は少し違う。子ども食堂にみられるような、家族の枠を超えた食のあり方は、人と人の交わる公共空間を活発化し、さらに創造していくポテンシャルを内包している。食べものを通じた人と人の結びつき方は、宗教や思想とは異なる率直さを持つ。すでに国家が市場経済の補完的役割をかなり強めている現在、国家が公共空間を設定することは、それこそ道徳的になってしまい面白くない。学校の場を離れ、しかも学習塾でもない場所で、人が、ただご飯をおいしく、しゃべりながら食べる、食べさせるという目的だけのために集まる。こんなシンプルな子ども食堂の理念を考えるとき（そこには貧困対策という目的は後景に退く）、じつはもう、孤食と共食というセットの概念はそれほど役に立たない。

そのあいだにある、もっと別の食のあり方を説明する言葉が必要だ。

なぜなら、子ども食堂は、孤食というには料理する側と食べる側の交流、子どもたちのあいだの交流が豊かである一方で、共食というには紐帯《ちゅうたい》がゆるい。来たいときには来て、来たくなければ来ない。共同体意識を醸成するというよりは、食堂に通う子どもたちや大人たちはもう少しドライに、しかし、しっかりとつながっているように思えるからである。

ベーシックインカムと食堂

ネット上では、「子ども食堂」に対する誤解も少なくない。子ども食堂に子どもを通わせ家事を怠《なま》けるのは「親の怠慢だ」という論。「善意の搾取だ」というヴァリエーションもある。また、本当に届いてほしい貧困層に届かない、という感覚を、実際に子ども食堂を運営している方々から繰り返し聞いた。「子ども食堂」をめぐる議論がこういう袋小路に陥らないように、湯浅誠は先の論文で、たとえ赤信号の経済状態の子が子ども食堂に来なくとも、黄信号の経済状態の子どもたちを子ども食堂でケアして赤信号に転落することを防ぎ、行政が赤信号の子どもたちへの対応をしやすくする効果を説いていたのだが、私も、もう少し子ども食堂のポテンシャルについては思想的な評価が必要だと考えている。

私は、子ども食堂の存在意義を考えるうえで、「ベーシックインカム」の議論が参考になると考えている。生活に必要な最低限の金額を、国民全員に与える試みのことだ。財源は、それによって浮いた社会保障費や高所得者への課税の値上げなどが考えられている。『毎日新聞』二〇二〇年八月二七日付のオピニオン欄で、私は、世界各地で導入が考えられつつあるベーシックインカムについて、多様な議論をまとめたことがあるが、この作業を通して多くを学んだ。議論の盛り上がりは、もともとＡＩの発展によって多くの仕事が失われるという予測が背景にあったこと、新型コロナウイルスの感染拡大に伴い、各国での直接支払いの給付金が導入されたこと、そして、新自由主義的な規制緩和、民営化路線の論者も、社会民主主義を目指す論者もともに賛同していること、しかし、それぞれにとって導入の条件が大きく異なること、など。たとえば全国民に一律毎月五万円から七万円支払えば、社会保障制度を解体して一元化できる、という節約の観点から考える人もいれば、ベーシックインカムをひとつの土台として複数の社会保障制度を組み合わせて福祉の充実を図る、という論者もいるし、逆に、ベーシックインカムを与えたとしても、労働運動の脆弱な国では経営側の人件費削減の理由にされる、と警鐘を鳴らす論者もいた。最後の論を私はあまり考えてこなかったと反省した。論者は、非正規雇用労働者の相談を受けるＮＰＯ法人ＰＯＳＳＥ代表の今野《こんの》晴貴である（「ベーシックインカムを日本で導入しようというならば」『世界』岩波書店、二〇二〇年九月号、一一七－一二五頁）。今野は、ベーシックインカム導入には、以上のような条件のほかに、現物のサービスが伴うことが必要であると述べている。衣食住に関わること、あるいは医療、学習支援などだ。

私はこの議論を読んで、身体的異変に気づきやすく、ご飯を食べられて、学習支援やコミュニティづくりにも役立つ「子ども食堂」などの公衆食堂は、もしもこれが定常化すれば、必要最低限の人間の生存を金銭だけよりももっと柔軟に支えるものではないか、と思うようになった。いわばベーシック・フード・サービスである。二〇二〇年八月二六日にミシマ社主催の『ちゃぶ台6』公開編集会議で松村圭一郎さんと対談したが、そのとき松村さんが、ベーシックインカムによって、朝から夜まで労働することの意味が一旦問われるのではないか、そうすれば、自分でやっている意味のない仕事をしなくても良くなり、世界の変革につながるのではないか、というデヴィッド・グレーバーの議論を自身のテーマにひきつけながら紹介していた。私はこの議論を聞いて、「何のために働いているのですか」という質問に対するよくある答えとして「食べるために、食べさせるために働いている」というこれまたよくある答えを思い起こしていた。

だからもしも、公衆食堂が定常化すれば、いまよりもさらに、「食べるために」働かなくてよくなる。食べるためではなく、もっと精神を鍛錬するため、もっと本を読んで知識を身につけるため、もっと友人たちや家族と時間を過ごすため、もっと山に登り、川を下って自然を知るために働くことが、いや、働く時間を削ることが肯定されるかもしれない。生活のベースを支えるものとして金銭を与えるだけではなく、調理済みの食事がつねにアクセスしやすいところにあれば、さらに、近代社会が私たちに押し付けてきた「仕事」という概念が分解し、再構築されるような気がしたのである。

炊き出し

さらに、出入り自由な場所で、誰かとご飯を食べるという行為のポテンシャルについては、「炊き出し」もまた私たちに何かを示しているのではないか、と考えている。大阪の日雇い労働者の街である釜ヶ崎で「炊き出し」を続けてきた「釜ヶ崎炊き出しの会」が発行する手書きの機関紙、『絆通信』。炊き出しで出される食事を食べに来たり、手伝いに来たりした人たちの人生を聞き取った「こんにちは、がんばってます！」というコーナーが『絆通信』にあるが、これをまとめた『釜ヶ崎合唱団──労働者たちが波乱の人生を語った』（ブレーンセンター、二〇一八年）という本は、一度ページを開いたら読むのが止まらなくなる本である。人間の矛盾、幸福、弱さ、強さ、ずるさなどが凝縮されていて、どの人の人生も映画になるのではないかと思うほどだ。

そのなかに、「釜ヶ崎炊き出しの会」の代表の稲垣浩《ひろし》の印象的な言葉がある。彼は、炊き出しを続けてきた理由として、「人間、食べていかんと生きていかれん」ということ、「衣食住のうち、衣と住は欠けても生きていけるけど食は欠かすことができない」という事実を挙げている。そして、小林多喜二の「我々の芸術は飯を食えない人にとっての料理の本であってはならない」という言葉を紹介し、「理論だけに先走ってはいけない」とも言っている。

料理の本があっても、食材と調味料と調理器具と燃料、そして安全な水がなければ料理はできない。炊き出しの会は、まさにこの食材を集めることから始め、一日二回欠かすことなく炊き出しを続けている。この暮らしの具体性がベーシックインカムの議論から消えたとき、たとえ全国民に一〇万円が配られようとも、この世界のベーシックな部分はぐらついたままであると、稲垣の言葉を読んで私は思わざるをえなかった。

「縁食」という食のあり方

さて、これまで述べてきたような食のあり方を、ここではさしあたり「縁食」と呼びたい。「ふちしょく」とも読めるが「えんしょく」としておこう。

「公食」という言葉を複数の研究会で提案したことがあったのだが、「公」という言葉にまとわりつく「お上」のイメージが拭《ぬぐ》いがたく、評判が芳《かんば》しくなかった。実際のところ「公」の概念はけっしてそんな単純ではなく、漢字の成立をたどっていくと開かれた広場の形象文字であることからも、個人的にはかなり気に入っていたのだが、広く深く定着してしまったイメージを覆《くつがえ》すのはやはり難しく、断念した。そこで、ふと浮かんだのが「縁食」という言葉であった。

縁食とは、孤食ではない。複数の人間がその場所にいるからである。ただし、共食でもない。食べる場所にいる複数の人間が共同体意識を醸し出す効能が、それほど期待されていないからである。

縁とは、人間と人間の深くて重いつながり、という意味ではなく、単に、めぐりあわせ、という意味である。じつはとてもあっさりした言葉だ。めぐりあわせであるから、明日はもう会えないかもしれない。場合によっては、縁食が縁となって恋人になったり、家族になったりするかもしれないが、いずれにしても、人間の「へり」であり「ふち」であるものが、ある場所の同じ時間に停泊しているにすぎない。これは「共存」と表現すると仰々《ぎょうぎょう》しい。むしろ「並存」のほうがよい。そんなゆるやかな並存の場こそ、出会いも議論も、ますますＳＮＳに回収される現代社会のなかで、今後あると助かる人が多いのではないか。

子ども食堂のユニークさも、この縁食にあるのではないか。ちょっと立ち寄れる。誰かがいる。しかし、無理に話さなくてもいい。作り笑顔も無用。停泊しているだけなので、孤食を存分に楽しんで、ちょっと掲示板を眺めて、月でも眺めながら帰ってもいい。そんな食のあり方をきちんと説明してこなかったのは、概念いじりを生業《なりわい》とする研究者の怠慢だと私は思うのである。

縁食の使用例

より具体的に縁食のイメージをつかむために、私が経験したり、論文で知ったりした縁食の事例について、いくつか示しておきたい。

事例1　大学の近くにある小さな食堂でご飯を食べていると、ある作家の方と偶然相席になった。別のお客さんだったか、食堂のおかみさんだったかが紹介してくださって、それ以来ご縁が生まれ、シンポジウムもご一緒させていただいた。また、フリーライターの友人とそこを訪れたら、たまたま知り合いの編集者の方がいたので、紹介して縁つなぎをすることができた。しかも、この食堂はお母さんを待つ子どもが椅子に座っていることもあるし、赤ちゃんが畳の部屋で寝ていることもある。おかみさんがお母さんたちをよく知っているので、ちょっとした保育施設にもなるし、夜は演奏会やトークショーの会場になる。チラシや雑誌なども持っていって置いてもらうと誰かが持って帰ってくれる。ちょうど良い広さのこの食堂のテーブルや畳の部屋で、無理なく人がつながっていく。縁食とは、すでに関係性がある人間たちが集まって食べる場所であるとともに、縁もゆかりもない人間たちが場所と時間を共有する場所でもある。人間の「へり」と「へり」がすれ違うような場所だが、たまに「へり」どうしが、重なり合うこともある。

事例2　学生の頃、一週間に一回は通っていた中華料理屋「白水」は、餃子や中華丼がうまい。いつもどっさりご飯を大盛りにしてくれ、水を無限に飲める体育会学生にフレンドリーな店だった。風邪をこじらせて、一カ月ぶりに店を訪れたら、おばちゃんが心配してくれた。「久しぶり。あら、げっそりしているね」。「いや、体を壊して、いまも風邪気味です」。「じゃあ、スープに生姜を多めに入れておくよ」。スープはいつもより生姜が効いていて、荒れた喉にじんわり浸み通っていった。最近まで家族と田舎で住んでいた私が、都会の京都に出てきて通っているうちに顔を覚えられた。細かい気配りがいつもありがたかった。椅子に座ると心が解除される温かい場所であった。先日、ついに閉店をして、肩を落としている。

事例3　名寄《なよろ》市立大学の松岡是伸《よしのぶ》ゼミのユニークな試み。過疎積雪寒冷地域である北海道名寄市で、松岡が市役所に掛け合って、子ども食堂「だだちゃ」、子どもの学習支援「もっちもち」、そして、子どもの居場所づくり「すぴか」という三つの子育ての側面支援を同じ施設で試みた事例である。これら三つを組み合わせるときと、後者二つだけのときがあるのだが、三つ組み合わせるときは、「すぴか」はずっとオープンであり、「だだちゃ」は一時間から一時間三〇分程度、「もっちもち」は食堂オープン以外の時間に開いた。

興味深いのは二点。第一に「もっちもち」には勉強したくない子どもたちがやってきて、「すぴか」に流れて遊ぶのだが、たまに「もっちもち」に戻ってくること。論文には書かれていないが、食堂で料理を手伝い、片付けをしたあとも、「もっちもち」や「すぴか」に流れる子どももいただろう。つまり、子どもたちが三つの場所でいろんな役を演じられるのである。

そして第二に、保護者が、ボランティアの学生たちの不慣れな料理を手伝ってくれたこと。保護者たちの料理の技術を学生たちは間近で見ることができる。子どもたちだけではなく、学生たちもまた子ども食堂で学ぶことを、松岡は描いている（松岡是伸「名寄市における子どもの学習支援・子ども食堂・子どもの居場所づくりの実践——地域における各機関・団体の連携とスティグマの払拭を願って」『地域と住民——コミュニティケア教育研究センター年報』一巻三五号、二〇一七年、一〇九－一二四頁）。

この試みは、縁食が「へり食」であることの好例である。学校で「良い子」でいることに疲れた子どもたちが三つの場所の「へり」にちょこちょこ滞在しながら、いろんな役回りを演じることができる。「もっちもち」で勉強が辛くなれば、遊びに行く場所もある。友だちと遊ぶのが嫌なら、学生ボランティアに勉強を教えてもらったり、雑談を楽しんだりすれば良い。夕食時は大人たちも一緒に食べたり、調理や片付けをともにすることもあったりするので、子どもたちを気にかけることができる。子どものこころとからだを幾分遠慮がちに支えている空気が居心地がよさそうだ。

事例4　スーパーで売りにくい食材が自然に集まってくるのも、縁食の強みである。たとえば、二〇一一年三月の東京電力原子力発電所の事故以降、滋賀県のお母さんたちが夏休みだけ東北関東地方から子どもたちに過ごしてもらう保養の活動をしている。その保養の宿泊施設に訪れて自分の研究成果についてお話をしたことがあるが、ここには野外のテントに簡易の台所があって縁食が盛んである。もちろん、各家庭にワンルームが用意されており、そこにも小さな台所があるのだが、利用者たちは、野外の台所で料理するほうがラクでおいしいことに気づき始めた、と保養キャンプの企画者は言う。子どもたちは、畑の土や川の水を時間制限なく素手で触って、それで遊ぶことができる。子どもたちが川で捕ってきた大量のゴリを子どもたち自身が油で炒めて食べる様子は圧巻だ。また、地元の農家が規格外野菜をカンパしてくれるので、形が悪くても艶《つや》も味も良い野菜を食べることができる。

「かざぐるま」としての縁食

ただし、縁食は、貧困に対し即効性のあるものではない。ましてや、縁食は、セイフティネットを一挙に強化するものでもない。縁食の最大の特徴は、そのゆるやかさとしなやかさである。これらこそ、災害列島でも効力を発揮するはずである。縁食は、困っている人のみならず、困っていると言い出しにくい状況にある人や、困っている現状を把握できにくい人にとっても、敷居がとても低い。しかも、縁食は、融通が利きやすい。相手を見て、メニューを変えることもしやすい。声もかけやすい。毎回の参加を強要はしない。あくまでタブー食もないが、タブーのある人間に気配りをすることは比較的難しくない。あくまで宿り木にすぎない。

地方自治体の課題は、宿り木の磁場を制度化するのではなく、無駄なアドバイスをすることでもなく、「へり」なり「ふち」なりからサポートすることだろう。恒常性よりは弾力性が必要であるため、解消もしやすいほうがよいから、無理に行政計画に組み込むとやっかいである。税金は、つぶれた巨大企業を救ったり、人が公共的な活動をしにくい巨大な公共施設を造ったりするのではなく、こんな縁づくりの試みのために使われると心地よいと私は思う。

「釜ヶ崎炊き出しの会」の稲垣浩は、こう述べている。

炊き出しに対する思いは、かざぐるまに象徴されます。温和でいつもにこにこしている今村君という労働者が二〇年ほど前、炊き出しを担ってくれていた時期があるんです。彼が同じ淡路中学の同窓生であると分かって驚いたんですが、その今村君が雑炊を運ぶリヤカーの取っ手にかざぐるまをくくり付けていたんです。ひょうひょうとした表情でリヤカーを引く今村君の笑顔とその横で優しく色鮮やかに回り続けるかざぐるまのワンシーンがずっと心に残っています（釜ヶ崎炊き出しの会『釜ヶ崎合唱団──労働者たちが波乱の人生を語った』ブレーンセンター、二〇一八年、五〇六頁）

崇高《すうこう》な思想を編み出さなくても、強靭《きょうじん》な肉体を鍛え上げなくても、誰もがひれ伏すような権力や財力を手に入れなくても、雑炊を載せたリヤカーを牽《ひ》けば、かざぐるまは回り、炊き出しの場所は静かに華やぐ。縁食の根本には、この力みの取れた艶やかさが存在するのである。

（初出＝「縁食論――孤食と共食のあいだ」『ちゃぶ台Vol.2 革命前々夜号』ミシマ社、二〇一六年、六八－八一頁）

第２章

縁食のかたち

1　公衆食堂の小史

食をめぐる関係性の貧困

二〇一九年に発表されたＦＡＯ（国連食糧農業機関）の統計では、世界の飢餓人口は八億人弱という数値がはじき出されている。世界の人口が七八億人弱であるから、九人に一人が栄養不良のために健康な暮らしを送ることができない状況にある。たしかに、飢餓人口の割合がその四半世紀前よりも半減していることは否定できない。だが、大量の食べものが日々捨てられている一方で、必要な人に食べものが行きわたらない世の中は依然として存在している。

そして、よく知られているとおり、食費を削らなければならないほど貧困が深刻化している家庭は、日本でも急速に確実に増えている。非正規雇用の割合が増え、給料も減り、失業者が増え、食べられるものが限られ、居場所もなくなる人が増えているというのが現状である。

そうしたなかで私が以前から主張しているのが、公共における食べる場所、すなわち「公衆食堂」の創出である。世界の飢餓も日本の貧困も、食糧の生産量や供給量が究極の問題ではない。いくら食糧を援助しても届かないことがある。それは、エチオピアを研究する松村圭一郎さんの話では、地元の権力者に着服されて、UN（国際連合）というマークがついた穀物が市場で売られ、中身だけでなく、袋も売られ、結局届くべきところに届かない。

中国の棚田で稲を育てているハニ族に中国政府が技術革新のために化学肥料を送っても、それがまったく棚田の農業に合わないので、ビニールの袋だけ再利用している、という严火其の研究もある（严火其『哈尼人的世界与哈尼人的农业知识』科学出版社、二〇一五年）。あるいは、いくら食糧や農業の援助をしても、それが地域のボスの私腹を肥やすばかり、ということも多い。届くべきところに届かないのである。

問題なのは、食の量や質の貧困より、食をめぐる関係性の貧困である。作る人、運ぶ人、調理する人、食べる人が、信頼の網目につながれて地域に根づく。ハニ族はすでにその網目がしっかりとできていて外から肥料がやってきても機能しないから、そもそも必要ないのである。そのネットワークで食を動かせば、貧困地域に国連の援助物資が届いても、地元で生産された作物が市場に並んでも、不当な値段操作を受けず、ピンハネもなく、それが食べるべき人のところにちゃんと届く。

日本でも、世界中の農家の育てた作物が大手商社によって安く購入され、広告料とパッケージ費によって値段が釣り上げられている、ということも、この関係性の貧困の一例にほかならない。

大規模食品産業と消費者という関係性の固定した食のあり方にどのようにして対抗していけばよいのだろうか。それはすでに第1章で述べてきたように、人が生きていくうえで最低限必要な「食べること」がつねにできる共同的なオープン・スペース。共食ほどべったりとしておらず、孤食ほどさっぱりしていない。そんな縁食の場所の充実化こそが、固まってしまった食の関係性をもみほぐすのではないか。

とくに給食は、そのコンタクトゾーンである。二〇一七年六月に京都大学人文科学研究所で開催した「二〇一七年の論点」というシンポジウムで、『子どもの貧困――日本の不公平を考える』(岩波新書、二〇〇八年)の著者である阿部彩さんに登壇いただいたが、阿部さんは子ども食堂の試みを評価しつつも、それだけに目を奪われるのではなく、給食の普及にもっと力を入れるべきだと強く主張され、私は反省した。最近、子ども食堂のニュースが、貧困問題に心を痛める人の罪悪感軽減の物語として機能していないか、そういう問いかけだった。義務教育を子どもたちに無償で与えることを憲法でうたっていながら、給食が無料ではないのがそもそも問題であるが、中学校では普及率も低いところも多い。とくに神奈川県と京都府は中学校の完全給食の実施率は三〇パーセント台で群を抜いて低い。一部の議員は、弁当は親の愛情を子どもに伝える、という。しかし、その言葉がどれだけのプレッシャーを仕事に追われている親に与えるだろうか。そして、弁当のない子どもたちがどれだけお昼の時間に我慢しているのか。愛情のこもった弁当を、という言葉の圧迫が生み出す貧困の負の連鎖を、私は感じずにはいられない。

きっかけは第一次世界大戦

日本にはかつて、ほぼ毎日開業する公衆食堂がそれなりに繁盛していた時代があった。その事例のひとつとして、一九二〇年代、当時の東京市に複数できた「市設食堂」がある。江東区にあった食堂もそのひとつで、現在「深川東京モダン館」といって地域の人や観光客がふらりと立ち寄ることができる。階段や床には、その面影が残っていて興味深い。ここの副館長を務めていた龍澤潤さんは「東京市設食堂の設置——東京市深川食堂を中心に」（『江東区文化財研究紀要』一七、二〇一二年、三五―四四頁）という論文を執筆していて、市設食堂について詳しく論じている。

龍澤論文によれば、東京に市設の食堂ができたのは一九二〇年四月一七日だったという。東京は食堂だけを造って、あとは「賄供給者」という食堂運営企業に委託した。そして、毎食、安いご飯をひたすら作って、食べてもらうということをしていたのである。

なぜ、市設食堂を造ろうとしたか。「設置の趣旨」としてつぎのようにある。

本市公衆食堂は、社会政策上繁激なる都市生活者の為めに、低廉にして且簡易に、食事の供給を為すを本旨とせり、事業開始以後幸に都市生活者の翹望《ぎようぼう》に投合して、利用者の数極めて多きを以て、本局に於ては時勢の要求に順応し其の拡張を計画し、以て市民共同生活の福祉の増進を期せんとす。

つまり、忙しく、所得の低い都市生活者のために、安くて簡単に食事を供給することが目的であり、事業を始めるととても多くの人が利用したために計画を拡張してその数を増やしていった、ということになる。

この市設食堂のなかでもとくに人を集めたのが神楽坂と上野の食堂で、一日四〇〇〇人強の人たちが利用していた。神楽坂では、食事だけではなくて新聞や官報も読めたし、活動写真も上映された。落語も上演され、ひとつの文化センターにもなっていた。文化と食の統合。ちょうど食べものを分かちあう場所である子ども食堂が、学習支援の場所になったり、音楽会の場所になったりするように。ここがポイントである。縁食の空間は、食だけでは満たされない。文化が自然に溶け込む場所、これが縁食の必要不可欠な性質である。

このほかにも、「何人でもお入りなさい」と看板が掲げてあった大阪自彊館《じきょうかん》の簡易食堂など、底辺労働者たちを支える公的な食堂はちょうどこの時代に広まったようだ（このような貧しい生活者たちの食の歴史については、湯澤規子『胃袋の近代――食と人びとの日常史』名古屋大学出版会、二〇一八年、が詳しい）。

話を戻そう。設置の背景として東京市がまず挙げているのは第一次世界大戦である。第一次大戦のあいだ、各交戦国は食糧不足に悩まされた。イギリスは海上封鎖によって中立国からドイツに食糧が流れないようにする一方、ドイツは無制限潜水艦作戦を遂行して、食糧輸入を妨害するイギリスの船舶を破壊していく。そうしたなか、ベルリン、ミュンヘン、ハンブルグなどの大都市を中心に食糧が不足し、市民たちは、カラスやスズメ、街で死んだ馬、さらにルタバガという飼料用カブを食べながら飢えをしのいでいた。ドイツ全体では、七六万人の餓死者が出る。

ドイツの大都市のみならず、プラハやウィーンも深刻な食糧不足となり、街にはいたる所に公衆食堂ができていた。大量に調理するので燃料費が安く済むからである。ウィーンでは、皇帝がみずから公衆食堂に訪れて、そのイメージアップに努めている。ドイツでは、戦時食糧庁の主導で貧民向けの民衆食堂Volksküche やもう少し経済状態の良い階層向けの中間層食堂Mittelstandküche などがつぎつぎに建てられ、運営された。フランクフルトでは一九一五年九月二一日に、多数の慈善団体が集まって「セントラルキッチン委員会」が設立され、戦時食堂を活性化した。一九一七年にベルリンで刊行された『集団給食』というパンフレットによると、当時民衆食堂が七三五、中間層食堂が七二、工場食堂が一二五あったという。ほかにも、従軍者専門食堂が八七、貧民専門食堂が二六八、子どもおよび病人専門食堂も一七〇あった。このうち、五八九は都市の運営であり、六五〇は自治体とさまざまな団体との共同運営でなされていた。これらすべての食堂の一日の定員を足し合わせると、一九一万人を超えたという（そこではかならずしも毎回きちんとした食べものが提供されていたわけではなかったが）。戦時の公衆食堂では、すでに廃れ始めていたセントラルキッチンの試み、つまり、キッチンを一家庭につきひとつではなく、複数の家族で使おうとする試みが息を吹き返したのだ（藤原辰史『カブラの冬——第一次世界大戦期ドイツの飢饉と民衆』人文書院、二〇一一年、同『決定版　ナチスのキッチン――「食べること」の環境史』共和国、二〇一六年）。ただ、戦後、再び台所のプライベート化が活発化し、公衆食堂の中心のひとつであったフランクフルトで、世界で初めて、大量生産型の安価なシステムキッチン「フランクフルト・キッチン」が産声をあげるのだが、それについては、拙著『ナチスのキッチン』で詳述したので、ここでは深追いしない。

　また、イギリスやフランスの状況も厳しく、東南アジアの植民地から食べものを輸入する。とくに、長粒のインディカ米である。もちろん、西洋でも米は野菜のように食べる習慣があるので輸入すると助かるのだが、ほかにも、当時、ヨーロッパにはたくさんのアジアからの労働者、とりわけ苦力《クーリー》という中国人労働者がいたので、米が必要であった。ベルギーに調査旅行に行ったとき、大戦期に死亡した苦力の墓を見たことがある。アフリカや東南アジアの植民地の少なからぬ男たちも、兵隊としてヨーロッパに向かった。

　その結果、当然、東南アジアの米の価格が上がる。それに伴って日本の国産の米、ジャポニカ米も価格が上昇。一九一七年春頃になるとそれがかなりの上昇率になっていき、今度は投機が増える。いま米を買い、米価が高くなった段階で売って儲けようという人が急増するのだ。そこにさらに、シベリア出兵の話が浮上する。つまり陸軍が大量に米を買うだろうと予想して、投機家たちがまた米を買いに殺到する。そうして米の価格がうなぎ上りになったため、田んぼを持たない人びとが立ち上がった。富山県魚津市の漁師の妻たちの抗議行動が有名だが、じつはそこばかりではなかった。それは、全国各地に広まった。日本列島同時多発的な運動、いわゆる米騒動である。

それゆえ、米騒動は、日本史の脈絡だけで説明できるテーマではない。第一次世界大戦というヨーロッパの現象から派生して起きた世界史的出来事にほかならなかった。それを要因のひとつとして、公衆食堂が誕生した。龍澤論文に、公衆食堂の沿革として「欧州戦乱」「諸物価暴騰」「中間階級者以下の生活費の膨張」に加えて「米騒動」が挙がっているのはそういうわけである。

つまり、第一次世界大戦はドイツやオーストリア＝ハンガリーだけでなく、日本にも公衆食堂をもたらした。こうして生まれた東京市の公衆食堂は、調理済みの安い食べものを売って、家族にも独身者にも買ってもらう、またはその場で食べてもらうという目的で、上野、神楽坂など、東京市全部で一六ヵ所に開かれたのである。

そしてこれが、一九二三年九月一日に発生した関東大震災のときに大きな威力を発揮する。震災とともに潰れてしまった食堂もあるのだが、残った食堂が、そのとき普及を始めていた給食の調理場とともに、炊き出しを担っていく。普段の二、三倍の人たちが訪れて、まさにこの公衆食堂が、大震災で被災した人たちが生き延びる拠り所となったのである。

しかしながら、震災後、東京が落ち着いてくるとだんだんと利用者が減ってきて、最終的には経営難に陥る食堂が増えていった。そして、いつしか姿を消してしまった。

文化が集積する場所

人びとが、家族の枠組みを超えて、ともに食べることができる共同的なオープン・スペースの役割として重要なことは、誰もが廉価《れんか》で食べられるということだけではない。前述の東京市の公衆食堂の一部が文化センター的役割を果たしていたように、食べることを通じて人びとがともに、しかもだれにも指図されず時間を過ごせる場所であるということが意味を持つ。歴史を振り返ると、人びとが食べる場所というのは食べる以外の目的も同時に兼ねていることが多い。たとえば、イギリスでは大衆的な酒場のことを「パブ」と言う。これは「パブリック・ハウス」の略、無理矢理直訳すれば「公共の家」という意味である。パブはそもそも、社交のための場所であった。イギリスではいまでもパブは社交場であり、人が集う場所という意味合いを強く持っているが、そもそも一番の目的はお酒を飲むことではなく、人と人が触れ合うことだった。

ちなみに私が「公衆」という言葉にこだわるのは、学生時代に銭湯にお世話になったたからである。下宿の部屋にはトイレも風呂もなかった。トイレは共用、風呂は歩いて一〇分の銭湯に通った。いわば、公衆浴場である。大学院に入り、トイレバス付きの学生アパートに引っ越して、寒い日に外に出なくても、自宅でシャワーを浴びられる快楽に浸《ひた》り切った。だが、しばらくして気づいた。足を伸ばして風呂に浸《つ》かれない。筋肉ムキムキのお兄さんたちが巨大な鏡に映る自分の肉体美にうっとりしているところが見られない。足の指の水掻きが千切《ちぎ》れそうなほど激しいジェットバスに入れない。私が鼻を垂らしているとそれを指摘してくれる強面《こわもて》のおじさんもいない。脱衣所のテレビの阪神戦を観て、「今岡、ホームラン打ちそうですね」とか、見知らぬおじさんと一緒に論評することもない。このように、「縁」が触れ合っていられる空間こそ、セントラルバスであり、おそらくセントラルキッチンなのである。

下田淳《じゅん》『居酒屋の世界史』（講談社現代新書、二〇一一年）という本がある。中世のヨーロッパで居酒屋がどういう機能を果たしていたかについて書いてあるのだが、当時の居酒屋もやはり、お酒を飲むだけの場所ではなかった。散髪もできるしボウリングもできる。さらには外科手術もしたり、求人の広告が貼ってあったりもする。また、裏手の隅のほうでタバコをふかしている集団のところに行くと、どうやら明日集会に行く相談をしているし、反対の方向に行くと、今度は、男性が女性を口説いている。居酒屋の二階が売春宿になっていて、一階で口説いて二階に上がるというわけだ。つまり、中世の居酒屋は、さまざまな種類の欲望が入り混じる多機能的な空間だったのである。

このように歴史的に、食べものやアルコールが集まる場所というのは、非常に多くの機能を兼ね備えていた。それが次第に分業化していき、居酒屋は酒を飲む場所となり、髪を切るなら散髪屋、外科手術は病院となり、仕事を探すのはハローワーク、という具合になる。

しかしやはり、人がものを食べる空間に、中世の居酒屋や東京市の公衆食堂のような多様な側面があるほうが自然ではないか。食べる場所が、ただ食べるための場所になってしまったことによって、食べるという行為が本来持っていた多様な可能性、食べることによって生まれる多様な出会いが失われてしまったのではないか。

しかもそればかりではない。食べる場所は、地域の仕組みの改善から国家転覆の革命まで、大小さまざまな世直しの拠点にもなりうる。世直しに必要なさまざまなアイディアや文化や道具が集まり、見知らぬ人たちの相談も始まる。公衆食堂とは、地方政府によって造られるものをかならずしもイメージしていない。自発的に生まれたほぼ毎日開店する安価な食堂は、安価だけあって、貧困や暴力など、世の中の問題を地震計のようにキャッチする。だから、ありうべきもうひとつの世の中を妄想し、それを自由にぶつけあうのにちょうど良い場所なのである。

一九世紀末に、四ツ谷の貧民窟の残飯屋（近くの陸軍士官学校の給食の調理過程で出た残飯を安く売る店）に弟子入りし、ルポルタージュ『最暗黒の東京』（講談社学術文庫、二〇一五年）を執筆した松原岩五郎は、残飯屋に集まる情報の多さに驚いて、ここそが、「貧大学」であると言った。帝国大学よりも権威も資金もないけれど、具体的かつ肉体に根ざした知がたっぷり集積するからだ。拠点、アジト、細胞なんておどろおどろしい言葉を使うから、世直しに参加する敷居が高くなる。つまり、食べるという行為を基礎として、そのなかでじっくり醸し出される世直しのアイディアこそが、頭と心を双方つらぬく思想へと発展していくのではないかと思う。

ひるがえってみれば、ロシア革命の拠点となったのはソヴィエト、ウクライナのソヴィエトはラーダ、ドイツ革命の拠点となったのはレーテ、どれも評議会という意味だが、レーテ Räte とは、相談する raten の名詞形である。嚙み砕いていえば、相談所、という意味である。そして、そこには、混乱のなかで家や食にありつけない人びとが集まっていたから、単なる革命の拠点ではなく、生き延びるための拠点でもあった。ロシア革命は、結局、中央集権的で強圧的な国家を生み、ソヴィエトの思想は失われ、ウクライナを含め、各共和国を支配下に置き、ただ名前に残るだけになったし、ドイツ革命のレーテの性格もヴァイマル共和国の基本的精神になったとは言い難い。

お腹を満たすことができる相談所。

これを拠点にした街づくり、地域づくり、あるいは地球づくり、とは、未完のプロジェクトなのである。

ちなみに、「談」という漢字は、燃え盛る炎のように言葉を交わすという意味だから、相談所とは含蓄のある言葉だとやはり思う。炎は、飯を炊き、体を温めるだけでなく、心を温め、燃やすために、存在するからである。

（初出＝「食べる場所のかたち　第１話」『紙版みんなのミシマガジン夏号』ミシマ社、二〇一七年、一五―二三頁）

2 食の囲い込み

「家族愛」という罠

二一世紀に入って、日本政府が「共食」に注目し始めている。たとえば二〇〇五年七月一五日、小泉純一郎政権のときに食育基本法が施行された。それを推進する食育推進会議は内閣府に設置されていて、毎年『食育白書』を出版している。食育白書では、子どもたちの孤食を憂《うれ》い、学校給食を充実せよ、家族で一緒に食べよ、というテーマが手を変え品を変え、繰り返されている。

日本のかなりの数の政治家たちは、戦前も戦中も戦後も、家族が大事、家庭が安定すれば国も安定する、と言い続けている。孤食が生じるのは家族の絆が弱くなっているためだ、母親の愛情が足りないからだ、家族の絆を取り戻さなければならない、などという意見も相変わらず存在している。まさに家族絶対主義の宝庫だ。けれども、家族を本当に大切に思う人は、この類の言説に疑問を感じるにちがいない。なぜなら、こうした言説は、家族の愛を深めるための言葉ではなく、むしろ、家族から毎日湧いてくる力を利潤に転換するための言葉だからである。さらにいえば、労働力の定常的な品質管理と持続可能な確保は、市場にとって生命線であり、そこに企業の収支がかかっている場合は、収奪はさらにシビアになる。

「食は教育の課題なのか――食育基本法をめぐる考察」（佐藤卓己編『岩波講座現代　第八巻　学習する社会の明日』岩波書店、二〇一六年）で、私は、孤食の問題の責任を家族に押し付ける政治や経済の仕組みを、食育基本法はあまり打破しようとしていないと論じた。「国民運動」と自己規定する食育は、その背景にある労働や福祉の仕組みの歪《ゆが》みを無視して、家庭になんとかせよと要請する。たとえば、いくら家族で食卓を囲むように啓蒙活動をしても、企業の労働環境の改善にノータッチのままでは意味がない。家族とは、市場にとってみれば、労働力を復活させる修理所であり、未来の労働者を産出する生物機械である。市場にとっては貨幣で購入できない魔法のような装置であり、家族の成員にとっては現実であるこのはたらきがなければ、一日たりともみずからの運動を維持することができない。だから雇い主は、賃金を払って、労働力のリフレッシュを促す。けれども、賃金が健康な食を購入するのに十分ではない場合、賃金が高すぎる携帯電話の利用料によって毎月大幅に削られなければならない場合、賃金が子どもを育てるのに十分ではない場合、雇い主は、家族のモチベーション、家族のやる気、家族のがんばり、家族のふんばり、そして家族の「愛」に頼ることになる。だから、政府は人びとの心を動かすように「運動」を必要とするのである。

家族の愛を育むことを国家が説き始めるときは細心の注意が必要である。というのも、教育勅語に端的にあらわれているように、個より公を優先するような道徳観の押し付けの合図を意味するからである。それは国や家族を愛することの強制であるばかりではない。市場の外に存在する労働力再生産装置に、つまり、人間のうちにある自然の力に過度に頼るための、内面の管理なのである。

囲うこと

だが、そもそも、家族とは市場や国家が求めるようなものだったのだろうか。ともに住む行為は、こんなにも管理されやすいものだったのだろうか。

そのためにも「家」とは何か。根源的に考えてみよう。思い切って、洞窟だった頃の家に遡《さかのぼ》って定義してみたい。家とは、外の雨、雪、風、埃《ほこり》、熱などから内部を三次元的に囲ってできる空間のことである。家とは単に名詞として静態的にとらえてはならない。もっと動態的に、つまり、「囲う」という動詞から考えなくてはならない。これが家の基本である。では、何を囲っているのか。

第一に、空気を囲うこと。進化の過程で皮膚から毛が抜け落ちた人類は、毛に覆われた動物よりも、雨、風、寒さ、暑さ、砂埃によって体が痛めつけられやすい。疲労も早い。空気を囲うことで、温度と湿度を保ち、風と雨や雪を避け、直射日光を遮り、皮膚の露《あら》わになった人類の体を消耗から守らなければならない。

第二に、寝る場所を囲うこと。人間は、ほかの動物よりも深く寝る傾向にある。寝ているあいだ、人間はなにものかに襲われる可能性がある。敵から身を隠さなければならないことは、もはや意識されない人間の基本的なあり方である。

第三に、生殖を囲うこと。恥じらいをもっとも強く感じるこの行為は、人目を避けなければならない。性の場所を囲うためには、単純に壁が必要である。

第四に、火を囲うこと。風や雨から火を守り、火をたやさないこと。こうして寒い夜や冬には暖をとり、湿気を取り、台所ではナマモノを焼いたり、炙《あぶ》ったり、水を沸かしたりするために、火を囲わなければならない。

ただし、人間は、食は公開する。火のまわりに人が集まる。原始時代から、おひとりさまのシステムファイヤーキッチンが存在していたのかもしれないが、それはレアケースだろう。そこには家族以外の人間が集まりやすいような吸引力が生まれる。火を使い生きものの死骸を変質させて、吸収しやすくしたうえで食べる動物が人間だけであることは、もしかすると、食の公開と関係しているのかもしれない。煙や煤《すす》が室内に充満するのを防ぐために、しばしば食は野外でなされた。もちろん、換気の装置は室内の料理を可能にした。しかし、人類が比較的高性能の換気装置を手に入れたのはつい最近であり、しかも、いまなお地域的に限定されている。欧米でさえ、農村では、天火《てんぴ》の使用は近代までなされているところも多かった。煙と煤が長いあいだ、地球上の台所の象徴であり、電気とガスがそれから人間を解放しつつあるとはいえ、他方で薪《まき》ストーブが人気なのは、火から離れた人間の寂しさのあらわれかもしれない。

そこで思い出すのが、ドイツ各地で訪問した野外博物館である。ここでは近世の農村の風景や建てものが民俗学の研究に基づき、復元されている。ここで驚いたのは、どこでもパン焼き小屋があったことだ。村落のなかにあり、そこを共用していた。パンは定期的に大きな窯で焼かれ、村民で分けていたのである。

煙と煤が充満しないように火を扱う場所は広くなり、また、広く暖かいので人が集まる。

台所とは、考古学的にいえば、そんな場所であった。

近代家族とちゃぶ台

とすると、食の行為が家という囲いのなかでなされるためには、引きこもれるだけのキッチンとダイニングの装備の充実が必要である。

ゲオルク・ジンメル（一八五八－一九一八）というドイツの社会学者は、一九一〇年に執筆された「食事の社会学 Soziologie der Mahlzeit」という論文のなかで、原始時代にはひとつの鉢に複数人の食べものが入っていて、それを各人がつかみ取りをしていたが、歴史が進むにつれて鉢に対立するものが生まれた、と述べている。それこそが、皿である。皿という食器は、個人主義の象徴である、というような言い方だ。ちなみに、日本も近世社会では配膳式が主流であり、それぞれ別々に食べものが盛られる。

この図式が実際にどれだけの文化の歴史的な変遷に符合するのか、西洋以外の文化にも当てはまるのかどうかはとりあえず置いておき、自分の皿が各自のテーブルの前に置かれるのが、近代のひとつの徴候であるというジンメルの指摘は興味深い。皿は、本来は三次元的に囲われつつも開かれた行為であった食を、三次元的に閉ざされた空間にしていくひとつの道具となった。

もちろん、大きな皿や鍋を食卓に置いて、家族でつつきあうことも少なくない。ただ、これは原始的な食のかたちの名残というよりは、近代の発明であった。

ライデン大学のカタジーナ・チフェルトカによる詳細な日本の食の研究によると、近代社会が産み出したサラリーマン階層の核家族は、近代家族のモデルとなったが、その重要な役割を果たしたのがちゃぶ台であった（Katarzyna J. Cwiertka, *Modern Japanese Cuisine: Food, Power and National Identity*, University of Chicago Press, 2006, p. 94）。家庭的な温かい雰囲気のなかで、外で働く父親がリフレッシュできること、そのなかで家族愛が育まれること、そうした家族の機能は資本主義社会にとって必須の労働力再生産装置であった。つまり、お膳を用い、家族がバラバラで食べ、家族以外の成員も入ってくる、という前近代的な形態から、狭い家でも脚をたたんで収納できるちゃぶ台を使い、核家族が全員集合し、サイドメニューを盛った皿を真ん中に置き、各々がご飯と味噌汁でそれを食べるという形態に変化したのである。ちゃぶ台は、もともと中国料理と日本料理の折衷《せっちゅう》である卓袱《しっぽく》料理の台から発展したものだ、とチフェルトカは述べている。近代社会は、共食を、家族というパーテーションで囲んだのであった。食育基本法が家族の枠組みから「食育」を解放できないのは、こうした歴史的経緯があるからだと私は考えている。

現在、家族の構成も多様になりつつあるなかで、家族という、ひとつの人間グループに対し、いつの時代にもまして厳しく吸い取られている労働力の回復の役割だけでなく、育児・介護の担い手、税金の納入者、学校教育の補助という課題がつぎつぎに降りかかり、もはや近代家族モデルでは成り立たないほどにまでなっている。そんななか、ちゃぶ台の拡大、家族以外の人間が座ることのできるちゃぶ台の開発が、かつてなく求められている。

学食のパーテーション

ところが私の身近では、食の「個人主義」は新たな段階に突入したといわざるをえない「事件」が起こった。二〇一三年、京都大学の学生食堂のテーブルの上に仕切りが導入されたのである。京都大学の時計台のそばにある生協の中央食堂は、いち早くテーブルに仕切りを設置し、見知らぬ人と面と向き合うことなく、ひとりで食べることのできる場所が生まれた。ひとりぼっちで食べられることから、このテーブルで食べることは、俗に「ぼっち食」と呼ばれている。

私は、ひとりで学食を利用することが少なくないが、どんなに混んでいて、ここだけが空いていたとしても、原則として座らないことで異議を表明することにしている。なぜなら、食べる場所のかたちとして、きわめて不自然だと感じるからである。とはいえ、外見だけをみて批判していてはいけないと反省し、調査の一環として、思い切って座ってみることにした。気づいたことは四点である。

第一に、食堂に閉塞感が生まれる。パーテーションは、食堂の空気の流れを停滞させる。第二に、パーテーションがあるため、かえって孤独を味わうことができない。壁の向こうがどんな人なのか気になり、不思議な緊張感が生まれる。パーテーションの下側は空いているので、相手が何をどのように食べているのかよくわかるし、たとえすべて仕切られていても、食べる音が聞こえるので、覗《のぞ》かれているような気がして余計気になる。たとえば、近くのトンカツ屋や中華料理屋などでは相席が普通であるが、相席を拒絶されているような気配さえ漂ってくる。パーテーションという囲いは、雨からも風からも塵《ちり》からも食べる人間を守ってくれない。ただ、他人の目線から自分を守ろうとする過剰な意識が芽生えてしまい、かえって他人の目線から自由になれていない。他人への関心が弱くなる現代文明社会に対抗するため、わざと他人に関心を持たせるようにこんな設計をしたのではと疑いたくなるほどである。

第三に、テーブルから上はパーテーションで区切られているが、テーブルから下は区切られていない。私は足グセが悪いので、頻繁に足の位置を変えるのだが、つい前に座る人にぶつかり、驚かせてしまった。顔を合わせていればコンタクトできるが、合わせていないので、謝るにも謝れない。繰り返すが、この中途半端な区切り方が身体的にフィットしていないのである。

第四に、相席者に声をかける機会がなくなる。もちろん、ほとんどの場合は、相席者とは話をすることはないが、学生食堂であるだけに、知り合いに会う確率も高い。そのとき声をかけるようにしているが、たとえば、パーテーションのある席に座っていると、その本人の意図とは関係なく声がかけづらい。感染症対策になると言う人もいるが、それは後知恵にすぎない。

世界の大学の食堂で、わざわざ会話を生まれにくくする空間を設計している非学問的な食堂は、おそらく日本だけで、そのなかでも京都大学ぐらいではないか。逆の観点からいえば、ひとりでいる環境をこれだけ不自然に作り上げる場所を見つけるのは困難ではないか。

私の貧しい海外の大学での経験でも、学生食堂で、「ここ空いていますか」と見知らぬ人に訊かれたり、訊いたりすることは普通であったし、学会で訪れた韓国、台湾、中国、シンガポールでも学食のテーブルにパーテーションが置かれてあったことがない。史料収集の昼休憩のために頻繁に通ったベルリンのフンボルト大学やハイデルベルク大学の学食にも存在しなかった。客員研究員として滞在したシュトゥットガルトの医学史研究所とハイデルベルク大学のいろいろな研究所でも、「キッチン」や「カフェテリア」という部屋が存在し、そこではパンを食べたり、コーヒーを飲んだりできる。そこでしばしば同僚と顔を合わせ、場合によっては世間話や学問の話が始まったり、あるいは挨拶だけであとはお互いに新聞を読んだりしていることもあるのだが、それが自然に無理なく生まれるように設計がなされている。ドイツの大学の教員と食事をしているとき、京都大学の中央生協のパーテーションを見てとても驚いた、なんであんなものが必要なのか、と質問されたことがある。海外の留学生のみならず日本の学生にとって、もっと魅力的な大学にするためにも、いますぐにパーテーションを取っ払うべきである。

家族愛からついに自己愛へと食の囲い込みは進行中である。学問が営まれ、議論が交わる大学という空間で、ついにひとりの人間だけを囲う場所が簇生《そうせい》していることは、そんな時代を象徴する風景として振り返られることだろう。

（初出＝「食べる場所のかたち　第2話」『紙版みんなのミシマガジン秋号』ミシマ社、二〇一七年、八－一五頁）

3 食の脱商品化考

食べものに値段がなかったら

食べものがある。食べものが売られている。

この二つの文章のあいだに横たわる溝は、とても深い。「食べものがある」という言葉は、食べる行為までの近さを思い起こさせ、聞き手を安心させる。「食べものが売られている」という言葉は、現在から食べるまでの時間的ギャップを感じさせる。食べものを買うだけのお金がある人間には「食べものがある」ことと大きな差異は生まれないが、それだけのお金がない人間には、空腹が満たされないつらさのみならず、目の前にある食べものが食べられない、というもどかしさまでついてくる。

二〇一一年、ウクライナ国籍の路上生活者が、イタリアのスーパーマーケットで五〇〇円ほどのソーセージとチーズを上着の下に隠し、パンの値段だけ払って盗んだ。一審では禁固六年と一〇〇ユーロの罰金、控訴審でも一審が支持されていたのだが、最高裁は、「被告人は緊急かつ不可欠だった栄養摂取のために少量の食品を手にした。従ってこれは必要性に駆られた状況における行為だった」と認定したのである。この判決は人道的な判決として日本でも話題に上ったが、この話を聞いたときに、私も何だかすがすがしい気持ちになったことを記憶している。このウクライナ人の路上生活者にとって、「あるもの」と「売られているもの」の差は、「犯罪」という危険を冒《おか》してようやく埋まるものであったのだが、最高裁の判決は、決まりにがんじがらめになりすぎて身動きがとれなくなっている社会に、風穴をあけるものだったからだろう。

また、あるとき、京都の宗教者たちの前で戦争と飢餓の話をしたとき、そのあとのコメントとして、高名な仏教者からこんな告白を聞いたことがある。戦後の京都の闇市で、猛烈に腹を空かせていた彼は、友人と食べものを盗む計画を立てた。食べもの屋の前で派手に喧嘩をして、棚に倒れ込み、崩れ落ちたものを拾って逃げる、というものであった。仏はおそらく彼をなじっていない。なじるとすれば、それは戦争の状況に子どもたちを追い込んだ人びとである。そうでなくては、仏の名に値しない。戦中に少年少女であった人びとの多くが、このような体験をしたことはもちろん知られているし、これをいま法律違反だと目を三角にする人はほとんどいないだろう。

しかし、飽食社会の住人は「食べものが売られている」ことが「食べものがある」ことと同意義である状態に慣れていて、商品でない食べものを想像することは難しい。スーパー、八百屋、肉屋、魚屋では食べものに値札が貼られて、価値が数値化され、手元の財布に納められた数値との壮絶な格闘が毎日のように繰り広げられている。そこには、「特価」とか、「二本で二〇〇円」とか、「タイムセール半額」とか記されているので、食べものはやっぱり商品であってそれ以外ではない、という世界に私たちは慣れきっている。農家でも、自給できないものは当然買う。田舎のスーパーの品揃えのヴァラエティは、実は都会のそれとほとんど変わらない。

では、もし、世の中に存在するすべての食べものが商品という着物を脱ぎ捨てたら、どうなるだろうか。無銭飲食が刑法違反にならない社会が今後登場するとはにわかに信じがたいが、この世に想像を規制する法律は存在しないし、しえない以上、想像してみたい。

朝の新聞の広告から食べものが消え、食べものから値札がなくなり、スーパーマーケットの食品売り場から食べものがなくなったとしたら、食べものはどうなってしまうのだろう。たとえば、家の近くの中華料理屋に行って、ラーメンとチャーハンを食べたあと、お金を払わずにお礼だけ言って店を出ることができる社会とは、つまり、無銭飲食が刑法第二四六条の「詐欺罪」に問われない社会とは、果たしてどんな社会なのだろうか。道端の棚に並んでいる野菜や魚を賞味期限が来ていないにもかかわらず自由に持っていけるとしたら、それを利用できるわれわれはどんな気持ちになるのだろうか。学食のお茶が無料で開放されているように、喫茶店で自由にコーヒーや紅茶やオレンジジュースが飲める社会とは、どんな社会なのだろうか。たっぷりの豚汁の鍋が用意してある食堂があって、そこでは誰もが「朝食を作るのをさぼっている」などと言われずに自由に食べることができる社会であれば、どれほど朝の時間にゆとりが生まれるだろうか。食べものに値段が付いていた時代を懐かしむ時代が果たして、今後来るのだろうか。

あるいは、食料の自給自足を完全にまたは一部分だけ営む人が増えることで、食が脱商品化していく可能性もある。

こうした社会は、簡単にいえば、食費がかからない社会である。たとえば、高級料理店は例外的にお金を払うにしても、農家も漁家もパン屋も食堂もみなが地域の税金のようなものによって運営または補助されていて、食べものは基本的人権の当然の行使として自由に食べることができる。数百年も昔の人びとは、水や土に値段が付けられるなんて考えもしなかっただろう。いまは、ミネラルウォーターにも、プランターに入れる土にも値段がある。人間が空気を自由に吸うことや、日光を自由に浴びることは現段階では許されているが、空気や日光に、一時間五〇〇円、いまならなんと半額、などのような値段が付けられる世界など、およそ考えたくない。それはおそらく核戦争後の地球で清浄な空気で満たされた空間が売られる日だろう。だから、空気や日光のように自由に食べものを得られる社会を想像したって、罰当《ばちあ》たりではないだろう。

もしも、地域ごとに食べものが集められ、生きている人間に平等に分配されるとすれば、それはどんな社会なのだろうか。食べものがある場所から違う場所へ動いたり、加工されたりするだけでは富を生み出さない、貨幣と交換もできない単なるものになるとしたら、どんなことが起こりうるのだろうか。

五つの問題を乗り越える

まず、ネガティブな効果を推測してみよう。

第一に、食べものに関わる仕事の従事者は、競争意識がなくなり、おいしくて栄養に富んだ食べものを求めようとする気持ちがなくなるかもしれない。だって、どんなにおいしい作物を丹念に育てたからといって、それは、丹念に育てられていない作物と同じ価値なのだから張り合いが生まれなくなる。

第二に、食べるために働く、という賃金労働者のモチベーションが大きく転換を遂げる。どんなにハードな仕事も、「家族を食わしている」という仕事人の誇りによって成し遂げることができる。それがなくなることで、賃金労働者はこれまでのように尊敬されなくなるかもしれない。

第三に、商品管理がなされなくなるので、料理の作り手が食べものを安全であるかどうか保証してくれるわけではない。食べものを安心して食べるには、なにかお墨付きが必要だ。

第四に、とくにソ連の事例が示しているように、食べものを一ヵ所に集めようとすると、旱魃《かんばつ》や飢饉のときには国や地域が暴力によって農村から食糧を徴発することになりかねない。場合によっては、銃を持った兵士が脅して、穀物を徴発するかもしれない。

第五に、食べものに対する感謝の念が弱くなるかもしれない。お金を払っていないと、農家や料理従事者に感謝の念が湧きにくい。毎日の掃除、洗濯、料理、育児がそうであるように、人間は、何かが起こることよりも、変わることなくキープされていることに対し、鈍感になる。食事の無料のありがたさは、いずれ忘れ去られてしまうかもしれない。

けれども、この五点の問題を克服することは、かならずしも不可能ではない。

第一、**農家の張り合いの喪失。**作物を育てる仕事に従事している人びとは、食べものを商品化するために、形が良くないものを廃棄せざるをえない。そのうえで、商品化されるものだけを収穫する。あるいは、市場に送り届けたら、誰が食べたのかわからない。他方で、食べものがたとえゼロ円になっても、定期的な収入が地域の人びとの税金によって得られるようになれば、農業を営むモチベーションは下がらないはずであるし、作ったものがすぐに食べられる食堂のようなものがあれば、自分の作物に対する反応も確かめやすく、また作物を通じての交流も可能である。

第二、**賃金労働者の働く意義の低下。**「家族を食わせる」という共通のスローガンによって、日本の労働はどれほど歪められてきただろうか。家族を食わせるために、土下座でも、多少倫理に悖《もと》る仕事でも、引き受けてきたのではないか。「家族を食わせる」ことそれ自体はたしかに尊い。そのために自分の一回限りの人生を捧げることも、当然否定されるものではない。だが、家族を食わせるにしても、その手段を点検する時間さえも奪われる世の中を生きることは、いったいどれほど幸福なのだろうか。

第三、**食べものの管理水準の低下。**食べものを食べるときの心の平安は、けっして画一的な管理だけからくるのではない。食べものが、キャラクターの絵が描かれた箱に入っていたり、安全であることを証明するマークで飾られていたりすると安心するのは、安心のひとつのかたちにすぎない。安心とは、作る側と食べる側の深い交流のなかでようやく浮かび上がってくる未定形のものである。安心とはトップダウンではなく、ボトムアップであってこそ、持続的でありうる。なぜなら、トップダウンによる消費者への安心の付与は、現実の変化に対し柔軟ではないし、ボトムアップ的な安心の生成は現実の変化にある程度対応できるからである。信頼の尺度をもっと小さな人間関係のなかに置き戻さなければ、食べものは商品の世界からずっと抜けることはできない。

第四、**食糧徴発の再来。**市場のメカニズムに忠実に従った場合、商品の分配にはコストがかからない反面、食の場合、お金があるところには行きわたりやすく、そうでないところには食の質はもちろん、食の量さえ保証されない事態は解消されない。それを補完するのが、援助という名の食べものの贈与であり、大量生産・大量消費・大量廃棄に基づく安価な食の販売であるが、贈与された食べものや安価な食べものはその地域の食文化に必ずしも適合しないし、健康を損なう可能性もある。食の不均衡はいつまでたってもなくならない。徴発ではなく、食べものがお金を介さずに集められるシステムを考えることで、飢えが大手を振って歩き回る「市場経済」と、穀物の徴発が農村を飢餓に追い込んだ「社会主義経済」のあいだの道を探ることはできないだろうか。

第五、**感謝の念の減少。**お金を媒体にしてしか感謝の気持ちが生まれない、ということ自体、もっと疑われてもいいのではないか。食べものを通じた交流のかたちは存在しないのだろうか。毎日キープされている生命とそれをキープする人への感謝は、食べる場所のかたちをデザインすることで、お金を介在させるよりももっと、動きのある感情になりはしないだろうか。そもそも感情をデザインしようとすることは政府の仕事ではない。

メカニズムを保つために捨てられる食品

それに、食べものだけでなく、交通と病院と電波と風呂が無償である社会も、もっと想像する人がいてもよいだろう。現在、無銭飲食と無賃乗車は双方とも詐欺罪の対象であるが、私たちの税金が、貿易不均衡の是正をアピールするために一機一〇〇億円の米国製戦闘機F35を一〇〇機以上アメリカから購入することよりも、そういったところに使われるとするならば、それはどんな社会であろうか。遠く離れた地域に住む両親の介護にもストレスなく行けるし、高額の医療であっても、それを稼ぐために仕事を増やし、かえって自分の大切な人とのひとときを失うようなこともなくなる。なぜ、電波を利用することだけにあれほどのお金を毎月支払わなければならないのかも、もっと考えられるべきだと思う。

そもそもこんなことはできない、寝ぼけたことを言うな、という人がほとんどであることを私は知っている。私でさえ、こんなことがすぐに実現するとは思っていない。味噌、米、オムツ、電車、バス、電話、こういった基本的な人間の条件に関わるものから消費税を控除することさえコンセンサスがとれていない社会で、これらすべてを無償にすることなど不可能だ、というのが大多数の反応だろう。

たしかに、国単位では無理かもしれない。だが、もっと小さな規模の場合、食べものの無償化は本当に夢想にすぎないのだろうか。もちろん、数年では無理だろうが、五年もしくは一〇年計画ではどうだろう。

私がこのようなことを口走ってみたい衝動に駆られる最大の理由は、先進国の食料廃棄が膨大だからである。しかも買わないのに捨てられる食品があまりにも多い。廃棄される食品を前に、捨てるくらいならタダで食べさせてくれ、と思うことは、人間として異常なことだろうか。

たとえば、食べものが捨てられることのない星の住人に、私たちが「食べものが捨てられることがあたりまえの社会だと？　寝ぼけたことをいうな」となじられる場面を想像してみよう。容易には反論できない。私たちは、食べものが無料である社会を非現実的だといいつつ、食べものが廃棄可能である社会の現実をあたりまえのこととして受け入れているという、風変わりな考え方と慣習を持ったエイリアンなのである。しかも、これらの食べものの残骸のほとんどは、人間を養うためではなく、市場経済のメカニズムを保つために捨てられ焼かれる商品である。食べものが商品でさえなければ、これらは、世界の飢餓人口を容易に救える量である。生産した食べものの三分の一をゴミ箱に投下する日本という国には、逆説的に、食費無償化の萌芽がすでに含まれていると言えるだろう。

国連の食糧援助に頼る国の自立を考えるときも、そのマージンを奪取して富を肥やす地元の有力者ではなく、直接、飢えている人びとに食べものが行きわたれば、中間搾取分の食糧は増える。そもそも全世界は、食糧生産の不足ではなく、過剰で悩んでいる。トラクター、化学肥料、農薬という農業の過剰設備が、恒常的な過剰を生み出しているのである。その過剰分の食糧は、食べものが商品でなければ、すべて食糧不足地に回すことが計算上は可能である。

以上が、来るべき社会での食べる場所づくりのための理論的研究の出発点である。将来の食べものの脱商品化に向けて徐々に人びとの感覚と世の中の雰囲気を慣らしていくウォーミングアップの場所の設計をしてみる。「円」ではなく「縁」で食を回す実験的空間を作ってみる。初めは食べものに値段が付いていてもよいかもしれない。それを徐々に安くし、つぎはカンパ制にし、値段を無意味化していく。この空間に来さえすれば、食事はほかよりも安く食べられる。そして、いつかは、インドのシク教徒の寺院のように、宗派、性別、思想、門別に関係なく、誰でも無償でカレーを食べることのできる公衆食堂が世界各地に登場する社会を構想すると、肩から大きな負荷をふっと降ろす感覚にならないだろうか。

というのも、食べものに付いている値段は、私たちに毎日、無意識的に圧迫を与え続けているではないか。私たちは普段そこに気づかない。たとえば、家族の食卓を想像してみよう。テーブルに出されるご飯に一〇〇円、味噌汁に三〇円、おかずに三〇〇円、お茶に二〇円という値段があって、それに毎日お金を払うとしたら、どう感じるだろうか。それはまず当然ながら、家事労働が現代社会で労働として評価されていないことを、家事労働に賃金を支払っていない者に対して訴える。一品一品を外食していたらどれほどの値段がかかるのか、そしてその食のための労働はどれほどの評価がなされるべきなのか、反省する機会を与える。この議論で、一九七〇年代にイタリアで始まった家事賃金論争を思い起こす人も多いと思う。だが、それでも食卓の食べものに賃金を払う慣習が広まらないのは、男尊女卑の風潮が消えないことはもちろんだが、食べものというモノがそもそも、貨幣の尺度に馴染みにくいからではないだろうか。

食べものの特質から考える

では、食べものの商品への馴染みにくさの根源はどこにあるのだろうか。

第一に、目の前のおにぎりを食べられないと明日の生命が危うい人間にとっての一個のおにぎりの価値と、目の前のおにぎりを食べなくても明日の食が確保されている人間にとっての一個のおにぎりの価値のあいだの乖離《かいり》は、測ることができないほど隔絶しているにもかかわらず、市場は価値が同じとみなすからである。携帯電話やテレビとは比べものにならないおにぎりという存在の重さを測り損なうからである。

第二に、食べものはかつての生きものであり、死んだあとも刻々と変化していく。それに固定した値段を付けることは、じつは論理的ではない。食べものの腐敗性は、タイムセールだけではカバーできず、ついには、廃棄し焼却することで（堆肥化、飼料化したものをのぞき）食べものを商品世界から追放して解決が試みられているにすぎない。

日本の刑法第三七条一項にはこう記されている。「自己又は他人の生命、身体、自由又は財産に対する現在の危難を避けるため、やむを得ずにした行為は、これによって生じた害が避けようとした害の程度を超えなかった場合に限り、罰しない」。ここにも、食べものの商品経済での馴染みにくさの一端が垣間見られる。商品経済の大原則である私有財産の神聖性。しかし、生命の「危難」を避けるためにやむをえずそれが侵されるとするならば、その多くは食べものという私有財産であろう。ちょうど、イタリアで、スーパーマーケットの私有財産であるソーセージとチーズを盗んだウクライナ人のように。

食べる場所のかたち。それは、おそらく、以上のような食べものというモノの特質から必然的に浮かび上がってくるはずだ。

（初出＝「食べる場所のかたち　第3話」『紙版みんなのミシマガジン最終号』ミシマ社、二〇一八年、二一―二〇頁）

第3章

縁食のながめ

1　弁当と給食の弁証法

弁当の魅力

弁当は、ユニークな娯楽メディアである。

作り手のさまざまな工夫とメッセージを小さな箱から読み取ることができる。弁当は一つの書物でもあり、美術館でもある。季節の推移、作り手の感情、色とかたちの配置、さまざまなとらえがたい何かを箱のなかに閉じ込める。弁当は、冷えてもうまみを残す、あるいは、冷やしてうまみを増幅させる料理技術、とりわけ保存技術の展覧会であり、創意工夫の競技会であり、人類の料理の発展に少なからぬ貢献をしてきたことはいうまでもない。

弁当があれば移動もしやすい。座る場所さえ確保できれば、沙漠だろうが、ジャングルだろうが、そこが野外食堂になる。花見や月見をしながら外で食べる弁当は、料理そのものに、風と光という艶を与えてくれる。風にあたり、光を浴びながら食べることは、人類が言語を持たなかった頃の抑圧された記憶を呼び覚まし、開放的な気分にしてくれる。自然の光を浴びた食べものは、室内では見せない艶を帯びる。カフェやレストランのテラスで食べるよりも、弁当はもっと自然に近いところで食べることの喜びを与えてくれる。もちろん、弁当を共食してやろうと押し寄せる虫たちも、その艶の一部である。

華やかな弁当でなくてもよい。登山の途中、あるいは、頂上で食べる一個のおにぎりだけでも、やはり格別であろう。私の記憶に残る食べもののなかでも、トップテンに入るもののひとつは、中学校のときに島根県と広島県の県境にある吾妻山《あづまやま》（そのすぐ近くには比《ひ》婆山《ばやま》があり、あの伝説の妖怪ヒバゴンの生息地だ）に同級生たちとキャンプに出かけたとき、山頂付近で遠くにうっすらと見える日本海と隠岐の島を眺めながら仲間と食べたおにぎりと鯖《さば》缶であった。鯖缶は人生で初めて食べたものだったので、家に帰っておねだりしたことがある。しかし、味は吾妻山のレベルにはるかに及ばないものであった。

弁当の暴力

けれども、弁当は人間の心を傷つける暴力装置でもある。
宮本常一の『甘藷《かんしょ》の歴史』（未來社、一九六二年）には、こんな一節がある。

私の子供のころ、小学校へ弁当を持って行くものと行かないものにおのずから区別があった。士族・神主・僧侶・商店など、村の上層階級の子供はみな弁当を持って行った。白米をたいてもらうことができたからである。甘藷やムギ飯はわるい食物とされ、それを弁当に持って行く勇気のあるものはなかった。だから昼になると、みなはしって自分の家へ食べにかえったものである。（二七九頁）

よく知られているとおり、宮本常一は、瀬戸内海に浮かぶ山口県の離島、周防大島出身である。小豆島、奄美大島、五島列島、沖縄列島など、日本列島の南半部の離島がだいたいそうであるように、南米原産の甘藷（さつまいも、からいもや琉球芋と呼ぶ地域もある）が育てられ、食べられていた。周防大島で彼は甘藷とムギ飯をもりもり食べて育った。普段は屈辱を感じることはなかったが、物心がついてから、「島外のもの」から「イモ食い」と言われて憤《いきどお》ったと記している。

弁当も経済的貧しさを露呈する。食べものは階級の表現媒体でもある。

宮本常一の一節を読んで、できれば心の沼に沈めておきたい嫌な記憶が蘇《よみがえ》る人も多いだろう。私もその例外ではない。弁当をめぐる苦い思い出である。小学校の土曜日の部活は弁当だったが、これを友だちと食べるのが苦痛でしょうがなかった。なぜなら、弁当は醤油に浸した海苔《のり》が白米に貼ってあり、漬物《つけもの》か梅干しと卵焼きが置いてあるだけのことが多かったからである。高校でも農繁期で忙しいときには弁当はいたってシンプルなものだった。まわりの友人たちの彩り鮮やかな凝《こ》った弁当と比べるとみすぼらしく感じるので、よく蓋《ふた》で隠して食べたものだった。通学途中で半分につぶれ、白米の上に、北海道生まれの母親と私の好物である松前漬けがネバネバと広がっているときには、好物とはいえ、食欲を著しく減退させる地獄絵図となり、蓋隠しの術を発動させたものである。

蓋隠しの術は、かなり高度であり、素人は真似しないほうがよい。隠しているぞ、と見せることも逆に同級生の視線が気になるので、さりげなく蓋を教科書などで立てて、若干、友人の机と距離をとりつつ、彼らの盲点をつき、中身を見せないようにしなくてはならない。上級者は、蓋ではなく、雑誌を読んでいると見せかけて隠すこともできる。高校は給食がなく弁当だったが、毎回弁当を蓋で隠して食べる友人もいた。彼は必ず蓋にある米粒をかき集めて口に入れたあと、弁当を食べ始めるのであった。

つまり、弁当は、両親の忙しさ、経済的状況、家族の構成などが表に出やすいものである。できるだけひとりで食べたいと思ったのは、人に見られるのが恥ずかしいからである。弁当箱が学校に運ぶのは、親の愛情だけではない。あるいは、親の料理の技術だけでもない。家庭の経済状況も弁当箱にはしっかりと詰め込まれているのである。いや、親が忙しくて弁当を子どもに持たすことができないために、子どもが水だけを飲んで我慢する風景、図書室に行って空腹をかかえて本を読んでいる風景が、いまの日本でもごくありふれたものになっている以上、弁当を学校に運べないことこそが、非常にリアルな何かを学校に運んでいることを意味する。

だから、給食は気持ちとしてとてもラクだった。みんなが同じ食べものを食べるからである。弁当を親の愛情の表現だから丹念に作ってほしい、などと言って、給食の導入を拒絶する政治家はあとを絶たないが、いい加減にしてほしい、と思う。ああ、この人は、弁当で嫌な思いをしたことがない暮らしのなかで自己形成をしたのだな、と想像してしまう。弁当を作るために、作り手は、どれほど朝早く起きなくてはならないのか、子どもにみじめな思いをさせないために、どれほど自分の仕事に使うべき体力を削り取らなくてはならないのか、想像力が足りないのだと思ってしまう。

「わるい食物」を弁当に詰めて学校に持っていく「勇気」がなかったという宮本常一の回想は、弁当がそのまま子どもたちに階級意識を目覚めさせる、というものであった。まぶしい白米の絵柄とくすんだサツマイモとムギ飯の絵柄のあいだに厳然と横たわる壁を直視できない少年の気持ちは、けっして戦前のものではない。

弁当を通じて発現する暴力を直視し、日本が、一億総中流社会などではもはやなく、階級社会であるという事実を認めてみても何らバチは当たらないはずだ。しかも、こうした事実の露呈は、親の目の届かない、未成年者たちの教育施設である学校で白昼堂々と展開しつづけている。社会の矛盾は、いつの時代だって、経済的に苦しい家庭に、そしてその子どもに向かうのだ。

給食の暴力

こうした、いわば弁当愛情イデオロギーに対抗するものが、給食である。給食はみな同じ低価格の値段、同じ中身である。給食があれば、早朝に家を出なくてはならない親も弁当を準備しなくてもよい。

けれども、給食もまた、好き嫌いの多い子どもにとっては暴力装置になりうる、ということはおさえておかなくてはならない。最近はさすがにほとんど聞かなくなったが、居残り給食のトラウマについて語る友人や知人は少なくない。泣きながら食べていた、先生に叱られながら食べた、あれは地獄であったという話は、居酒屋で誰かの好き嫌いが露呈したあと発展する話題の定番のひとつと言ってよい。私でさえ、先に食べ終えた子どもたちの箒《ほうき》が生み出す埃と塵のなかで、必死に苦手な食べものを口に押し込んでいた記憶からいまだ自由ではない。食べものとは口に無理に押し込められるものではない。たとえ、そういった「教育」が、「先の戦争」の壮絶な飢えの記憶に由来するものであっても、食べものとは無理に口に入れられるべきものではないと思う。食べる自由のみならず、食べない自由もまた認められなくてはならない。食べられる量も、感じられる味覚も、人それぞれ異なるということを、矯正する教育ではなく、認め合う教育がようやく認められつつあるのも、ここ最近のことであろう。

また、味の悪い給食もまた、暴力にほかならない。私は山奥の農村の中学校に通っていたとき、そこで収穫される四季折々の野菜やしぼりたての牛乳などではほとんどなく、（あまり信じてもらえないが）ぬるい脱脂粉乳を飲んでいた時期があるし、ソーセージは脂分《あぶら》しかないような粗雑なもので、ほとんどの食材の色がくすんでいた。試食会で保護者から指摘を受けて改善されたが、茶わんに盛られた米粒を、お茶を飲むように口に流し込んでいた空腹支配下の時代、背に腹は代えられぬから食べてはいたが、べちゃべちゃしたほうれん草とあの脂だらけのソーセージのときはさすがにゲンナリした。子どもは食べられれば十分、という大人の考えが、給食に凝縮されていた。

弁当と給食の弁証法

弁当の精神的暴力と給食の精神的暴力。この二種類のかたちに、学校生活時代の私たちは苦しめられてきたのだが、では、これらを乗り越える学校の食のかたちとはどういうものだろうか。

これこそが、私が「縁食」と呼ぶ、ほどほどの人間的つながりを醸成しやすい食のかたちである。

しかも、学校の縁食は、義務教育ではやはり給食をベースに考えられるべきだと思う。もちろん、食物アレルギーなどを持つ児童には当然弁当の持参が認められるとしても、基本は義務教育のあいだは給食がきちんと子どもたちに配給されるべきである。というのも、憲法で義務教育に必要なものは国家や地方公共団体が負担することが定められているからである。また、給食が学校の時間の真ん中に据えられていることからもわかるように、それはきわめて重要な教育の時間であり、重要な教育のエネルギーである。とともに、それによって宮本常一が告発したような、弁当がもたらす子どもへの階級的暴力は解消されるはずである。

では、給食の「強制」という暴力はどう克服されるべきか。それは、短期目標的にいえば、嫌いな食べものの交換をもっと自由にすることであろう。ただ、それだけでは、嫌いなものは嫌いなままで終わってしまう。そこで、やや飛躍して、長期目標を考えてみたい。それは、児童も学校の給食の一端を担うことである。

第一に、時間割を変更し、家庭科の調理の時間を増やす（それにはもちろん受験システムの根底的な改革が必要である）。調理過程に加わることは、衛生的にハードルが高いことは承知のうえで、児童たちにとって料理は実験と近いので、そこには理科の時間も含ませる。実験した結果は食べたい、というのが児童の欲望である。すべてを担うのは難しいにせよ、一品でもよいので、毎日児童が料理を作ることは、総合学習としてとても有効なのではないか。

第二に、食材を購入しに行くこと。食材がどこからこの机の上にやってきているかについて知ることは、食べものの知識に幅と深みをもたらす。それでも嫌いであれば、食べなくてもよい。最終的に胃袋に到達しなくても、同級生が食べているものの由来を共有できたことは、それだけで、広義には食べることになるのだと思う。栄養教諭や担任と一緒に作物の栽培地に行き、そこで食べものを仕入れてみる。漁村に行って、新鮮な魚を仕入れる。社会の勉強としては最適だと思う。あるいは山に入り、山菜を摘《つ》む。農村とあまり接近していない地域ではこういうことは難しいかもしれないが、感想文を書かせれば、社会と国語の総合学習になる。拙著『給食の歴史』（岩波新書、二〇一八年）で述べたように、このような試みは、日本の給食の歴史のなかで考えられてきたし、実施されてもきた。

第三に、食材を自分で育てること。これはさまざまな教育機関でなされていることだが、校内の自然を利用して野菜を育てることも、給食をエンターテインメントに変える方法として魅力的であろう。掃除にせよ、生きものの飼育にせよ、ポスターの掲示にせよ、給食の配膳にせよ、あえて大人に任せないで、自分たちでやることは義務教育の基本であると思う。それは世の中の仕組みを知るうえでもっとも効果的な方法だとさえ言えるかもしれない。

以上の三点の方法によって、給食時間の「強制」は解除される。食べることは口に入れることだけではない、という事実がどれも前提にあるからである。苦手で食べられなくても、となりの人が食べてくれれば、それでうれしい、という気持ちだけでも、私は十分であると思う。食べものを口に入れるという行為だけに食の営みを矮小化するのはもったいない。

そして、第四に、給食が地域の人びとに解放される日が増えてもよい。学校の周辺に住む人びとと一緒に食べることで、子どもも学校もより大きな縁の網目のなかに位置づけ直されることになる。

食材を作る現場、それを販売する現場、料理する現場、食べる場所、これらそれぞれの場所の縁を結びながら、その縁の網目のどこかに携わることで、強制的に苦手なものを食べさせなくても、食べものの尊さは十分に児童たちに伝わり、食を通じた教育の可能性はより広がるはずである。

（初出＝「縁食論（2）——弁当と給食の弁証法」『ちゃぶ台Vol.3「教育×地元」号』ミシマ社、二〇一七年、一四二―一五一頁）

2 無料食堂試論

思考の風景

私の研究活動の多くは文献を集めて読み込むことだが、さまざまな地域で聞き取り調査をする機会も少なくない。研究室の外で考える時間も歴史研究に役立つからだ。歩いて考えて話して食べることの快楽の循環から、もう抜け出せなくなっている。それは中毒だったかもしれないと、コロナ禍でそれが困難になったいま気づき始めている。呼吸をして、汗をかき、地元の旬の野菜を食べ、地酒を呑むと、体中の細胞が活性化し、それがカフェインとは異なる何らかの分泌物を脳髄に加える。考えたことを呼び覚ますときには、パソコンのフォルダを探すのではなく、そのとき歩いた風景を思い起こせばよい。思考は、紙に鉛筆で書いたり、パソコンに入力したりするよりも立体的に脳髄に刻まれる。これを仮に「思考の風景化」、頭に刻まれた風景を「思考風景」と名づけておきたい。

たとえば、ナチスの動員力の秘密がヒトラーというカリスマだけではなく、彼の演説を聞きにはるばる半日歩いてやってきた個々の達成感にあるのでは、というアイディアは、ドイツ北西部ニーダーザクセン州の真っ平らな麦畑の風景を見ながら一〇キロほど歩いて向かった野外博物館への道、とくに、小さな農家の堆肥小屋のそばを流れる小川と結びついている。ナチスは、同州で催した収穫感謝祭で一〇〇万人の民衆を集め、農民のための国を建設すると豪語したのであるが、参加者たちの手記を見ると、到着時にはすでに疲労が頂点に達し、ヒトラーが来るのを待ちくたびれたと書いてあったからである。日曜日は、駅から野外博物館へのバスがないことを知ってしかたがなく歩いたのだが、そのおかげで過去をめぐる思考は私自身の疲労が頂点に達した小さな農家に集約されたわけである。

とはいえ、私はどちらかというと野外活動派というより室内隠遁《いんとん》派であり、これまでのアイディアと結びつく記憶の像は、本棚に飾ってある背表紙であったり、コーヒーのシミのついたレジュメであったり、子どもが観ていたアニメの主題歌であったりに結びつくことが多かった。現地を歩かないと物事はわからないというフィールドワーカーやアクティヴィストたちの口癖を聞くと、いやいや想像力はフィールドワークに拮抗するのだと見栄を張っていたし、じつはいまもそうかもしれない。しかし一方で、私はいつも筋金入りのフィールドワーカーたちの書物に惹かれ、いつのまにか現場に引きずり込まれていた。しかも、そのフィールドワーカーたちは私よりもよっぽど読書家であることに気づき、ひたすら落ち込むことも日常茶飯事であった。

思考を風景化するという手法は、畏敬すべきフィールドワーカーたちのモノマネなのだが、脳内神経細胞の情報処理スピードが遅い私には、ひとつの自己防衛手段に成り下がっている。私の頭は許容量以上の情報を入れようとすると、ミシミシと板の軋《きし》む音がするが、こんな前近代的な容器であるため電子メールを打つよりも手紙を書いたほうが早いことも多く、そもそも考えるのが面倒くさくなってチョコレートをかじる頻度が高い。だから、風景という記憶容器に頼る頻度が高いのかもしれない。けれども、多かれ少なかれ、誰もがこの思考の風景化の経験があるのではないかと自分をなぐさめている。

ムラサキシキブの食堂にて

地球という惑星に生存するヒトという生物の九分の一の個体が飢えているということは、地球以外に暮らす宇宙人たちには不可解にちがいない。少なくとも「食べなくては生きられない」という程度の知識を持つ生きものであれば、そんな残酷な現実におそらく耐えられないはずだからである。しかも地球は全人口を養えるだけの食糧を生産しているにもかかわらず、飢餓はいっこうになくならない。思想的かつ歴史的課題としてこの問題に取り組むことは難しい。きわめつけの鈍脳の持ち主ならなおさらだ。とても私の脳みそのスペックでは足らないので、いろいろな風景を借用してきた。それは、つい最近、ムラサキシキブという植物で彩られるようになった。

それまで飢餓をめぐる思考風景は、小学校のときに観ていた「愛は地球を救う」と銘打つ長時間テレビの映像によってほとんど占拠されていた。お腹のふくれた子どもたちがハエのたかる病院で泣きじゃくるあのシーンである。この映像はウブな子ども心には強烈であったし、募金こそがこの子どもたちを救うのだと本気で信じたものだ。もちろん、いまではこのテレビが芸能人のマラソン中継に成り果てたように、本当は映すべき事実を覆い隠す番組であったことは常識程度には理解しているのだが、頭をよぎる風景はずっとあのシーンであった。

ある年の秋、青い山々に囲まれた本州内陸部の盆地に研究者仲間と訪れたとき、一度入ったことのある食堂で焼き肉定食を食べた。柿の実が山の斜面に釣灯籠《つりとうろう》のようにぶらさがって道しるべとなり、紅葉を始めた葡萄《ぶどう》の葉は農家の繁忙期が終わったことを訪問者に静かに告げている。訪問の目的は、その地域で自家製の新聞を発行したり、都市からの農業体験者の受け入れシステムを作り上げたり、地域の朝市を組織したりして、地域全体の活性化に貢献したUさんの話をご遺族から聞くことであった。これらの発想はすべて役所や大学からはやって来なかった。どれもが地元産のアイディアであった。Uさんは、コックの制服を着て焼いたピザをみんなに食べてもらうことが好きだった。志半ばで夭折《ようせつ》したUさんの葬式には、全国から彼を慕う人びとが訪れ、ご両親をびっくりさせたという。

Uさんの墓前に手向《たむ》ける花を持っていなかったので、このあたりに花屋があるかをおかみさんに訊《き》いてみたのだった。おかみさんは、この食堂のまわりの花を切っていきなさいよ、とハサミを渡してくれた。外には、ムラサキシキブ、ローズマリー、野菊や蔓日日草《ツルニチニチソウ》が生えていた。ムラサキシキブとは、三ミリくらいの小さな紫色の果実をびっしりとつける低木で、花瓶に生けると映える可憐な植物である。取ってくると、おかみさんを手伝っている女性が広告紙とティッシュを持ってきて、これに水を含ませてね、と言ってくれる。その地味だが力強さを秘めた花束は、この盆地の風景をとことん愛したUさんの墓にとてもよく似合っていた。

では、なぜ、飢餓をめぐる思考がこの植物に結びつくのか。ムラサキシキブとローズマリーの食堂で、大きなフライパンを細腕でブンブン振って切り盛りするおかみさんは、この地域の情報の結節点であり、私たちがここにやってくることも、その目的も私たちから何も連絡していないにもかかわらず、すでに知っていた。おしゃべりの上手なおかみさんの心の広さと畳の上の座布団とテーブルと椅子が混在する食堂の居心地の良さと、この辺のお花を切ってお墓に持っていって、と言ってくれるおかみさんの度量こそが、そして、そこにギャンブル的市場経済が介在しない人間と人間の関係性こそが、食べものが動く通路として、もっともふさわしいのではないかと思う。

飢餓と関係性

前述のテレビ番組が端的に表しているように、マスコミは飢餓の本当の哀しさを覆い隠している。住人の九分の一が十分な栄養に達していないというこの惑星の新聞であれば、せめて紙面の九分の一はこの問題に割かねばならぬはずである。だが、私たちは、どこで誰がどんなふうに苦しんでいるのかわからない。オリンピックやワールドカップの過剰に大きな記事が本当に大事な事実を伝えるスペースを圧迫するこの時代、人類学者の友人から勧められた本に胸を射抜かれた。ジャーナリストの小板橋二郎が書いた『ふるさとは貧民窟なりき』（ちくま文庫、二〇〇四年）である。この本は、飢えとは何が哀しいのかをとらえた、もっとも切ない表現のひとつだと私は思っている。板橋の貧民窟で生まれた小板橋は、食べものを乞いに自宅に訪れる戦争孤児の思い出をこう振り返っている。

彼は戦災孤児、当時の言葉でいえば浮浪児だ。戦災で両親や家族を失った子どもである。そして明らかに知恵遅れだった。私よりは二歳ほど年上だったろう。顔は色艶がわるく汚れている上に栄養失調でむくんでいた。（一五八－一五九頁）

ガラス戸を開けて「立ったまま何をいうでもなく彼は家の内側に向けて手をのばすのだ。無言でただゆっくりと右手をのばす。その手の先には空拳があり、手をのばしおわると彼はその空拳を手の平を上に向けた形で広げる」。しかし、ヌカの団子や芋《いも》の粉のパンなどで食いつないでいた小板橋の家には少年に恵むものはない。一度「一箸分のたべもの」を手のひらに載せた著者の母親は、何度もやって来るこの少年にとうとう「ダメ、帰っておくれ。あげられない。もう、お行き！」と言って内側からピシャリと戸を閉めたという。

翌日、身震いするような寒さのなか、小板橋は、中山道に面したガソリンスタンドでその少年をみつける。

近づいて彼の顔をのぞきこんだ私は思わず息を飲んだ。

死体の顔はついきのうまで生きていたときとおなじようにむくんでふくれあがっていた。

しかし、彼にはもう、ものをたべている人々の方角に向けて右手をのばす力はない。きのうまでのあの無表情な顔がいつもとひとつだけちがっていたのは、焦点のさだまらないまま遠くを見つめている両眼の目尻から、それぞれ外側に向けて両方の耳の穴にいたるまで涙のあとがつづいていたことであった。

栄養失調、飢え、凍死……。そんなふうにして死んだ子の涙はこんなふうに干からびるかと思うほど、その涙のあとは、氷雨のなかにさらした顔だというのに、白く乾いた軌跡となって左右の耳の穴にまでナメクジが這ったように残されていた。

いつも無表情だったこの子は、飢えと寒さで死ぬ最後の数分か数時間、とめどなく涙を流したのだ。それにしてもこれほど孤独で甲斐のない涙があるだろうか。(一六二―一六三頁)

心安らかに、思い残すことなく綺麗に死ぬこと、潔く死ぬことを美化する「終活」言説に私はいつも違和感をぬぐい切れない。この世にたっぷりの未練を残し、歯をくいしばって、もう体内には残っていないはずの水分を目尻から落としながら苦悶《くもん》の表情を浮かべたまま死ぬことも人の死である。「地球の飢餓人口は一〇億人」という数値から、飢えて死ぬ最後の時間、涙を流し続ける数億の少年や少女の顔を思い浮かべる人は少ないだろう。

最後の関係性が断ち切られたとき、この少年に残された道はもはや死だけだった。痛ましいのはそればかりではない。自分の食べるものがない小板橋少年やその母親の心に、この少年の死は罪悪感を植えつける。餓死とは、個人の生命現象の終焉であるとともに、その死者をめぐる関係性の残酷な現われでもある。

　もしも、この虚ろな表情の少年の前にムラサキシキブの食堂があったとしたら、少年はいつものようにおそらく手のひらを伸ばすことだろう。そして、細腕のおかみさんは、毛布と食べものを持ってきてくれるだろう。しかし、それればかりではない。少年を生かし活かしていくための、さまざまなアイディアがこの食堂に集中するだろう。なぜなら、この食堂は、この少年の全人生を養うためのお金はなくとも、その少年を救うアイディアと物資を提供することにまったく躊躇しないUさんのような人間をたくさん知っているからである。そして、もしもこの少年が力つきたとしても、彼を手厚く葬るために必要なムラサキシキブやローズマリーが、この食堂には植わっている。

食をめぐるアイディア

私は、墓参の帰りの特急のなかで山や空の表情を観察しながら、いまを生きているおかみさんに、もはやこの世にいない少年をこんなふうに出会わせてみたのだった。

このとき別の記憶がふと蘇った。学生時代に入ったチェーン店の牛丼屋である。ある日、ここで納豆と生卵付きの朝定食を食べていたとき、やせ細った路上生活者のおじさんが端っこの席に座った。学生アルバイトの店員は、このかなり弱っているおじさんの注文を聞いて牛丼を持ってきた。厨房《ちゅうぼう》にはもう一人か二人働いていたと思う。おじさんは牛丼を食べて、お金を払わずそのまま去っていったが、いぶかる客たちの目線をかわしながら、学生はそれを見て見ぬ振りをした。おじさんの手を摑《つか》んで警察に突き出すことだってできただろう。店内のマニュアルにそう書かれてあるかもしれない。しかし、おじさんは、この学生のおかげで少なくともその日は生きることができるのである。

パン屋でアルバイトをする学生のレポートを読んだときも、同様の感慨を得た。そのパン屋は閉店後、売れ残った大量のパンをゴミ袋に詰めて捨てるという。路上生活者がやってきて店のイメージを悪くしないために、ゴミ箱のなかに入れて蓋をするというのが、その学生が教えられた仕事のひとつであった。レポートのなかで学生は、大量の廃棄物に無感動になる自分を冷静に観察していた。ところがある日、売れ残ったパンを捨てようと勝手口に出たとき、路上生活者と鉢合わせをしてから自分に素直になろうと決意する。それ以後、学生は、袋を捨てに行くとみせかけて、袋をゴミ箱の蓋の上に置くことにしたという。しばらく経つと袋はなくなっている。学生アルバイトの機転によって、その路上生活者も今日の生を明日につなぐことができたのである。

路上生活者が訪れてくることを、お洒落なファストフード店や料理店は懸命に防ごうとする。ある学生は、ファストフード店の生ゴミは、残飯も含めてすべて室内の倉庫に鍵をかけて入れると話してくれたが、もちろんこれも、朝に路上生活者が店にやってきてイメージが悪くならないようにする工夫だという。しかし、路上生活者を排除してイメージが悪くなるのはむしろ店のほうではないだろうか。漫画の『美味しんぼ』で、料亭街の残飯を食べる路上生活者がそれぞれの料亭の味をもっとも敏感に知っているという場面があるが、路上生活者が勝手口に集まる料亭はむしろレベルが高い。学生のように機転をきかせて、売れ残った食べものを路上生活者にいきわたるように工夫しているレストランを、私はむしろお洒落でスマートだと思うし、そういう関係性を作り上げられるお店の食事こそ、じっくり味わってみたいと思う。

廃棄というプロセスを経て無料になった食べものは、日本という大量食料廃棄国家の分だけでも、地球上で飢える人びとのかなりの部分を救うことができる、といわれている。そのとき、おそらく考えるべきなのは、その食べものがすぐに食べられるということである。米や麦を口に入れるには燃料と清浄な水が必要であるが、食堂の食べものは調理済みであり、そのまま食べられる。こうした食のシェアこそが、いま、飢餓地帯に問われているのかもしれない。

有機認証のいらない有機農作物

夏真っ盛りの九州。市街地から離れたところに、有機野菜をふんだんに使った大きな自然食の食堂がある。ここにレンコンなどの野菜を卸しているというMさんと一緒に昼ご飯を楽しんだ。ビュッフェ方式だが味付けは比較的薄めで、素材の力が味覚神経に伝わるまでに時間がかかる。だから食べていて飽きない。厨房はテーブルに開かれていて、そのプロセスを眺めることができる。

Mさんは農家の出身ではないが、幼少期に海の向こうの島で自然に囲まれて育った体験が忘れられず、紆余曲折《うよきょくせつ》を経て農民になった。干拓地に農地を借りて、米とレンコンを作っている。しかも、彼は有機農法を選ぶ。先輩農家から多くのことを謙虚に学び取り、独自の農法を築き上げた。地元の消防団に入ったり、地元の未就学児を農園に招いたりして、地域社会にも貢献しつつある。

私は、Mさんの軽トラに乗ってジャンボタニシが生息する有機栽培の田んぼと、レンコン畑を案内してもらった。田んぼの肥料は稲藁《いなわら》のみ。たくさんの除草用のジャンボタニシが土を這《は》っている。田んぼには、時折、ド派手なピンク色の粒が見える。これはジャンボタニシの卵だという。Mさんは農民になるために、すさまじい勉強を重ねた。耳と本の両方からである。視察中、Mさんはつぎのように語ってくれた。「信頼があれば、有機農産物に特段のマークなんていりません」。有機野菜や無農薬野菜の基準をクリアしたものは、その商品に表示してもかまわないとされているが、Mさんの場合、消費者にまず自分の考えを理解して、信頼してもらうこと、それができれば有機野菜の認定は必要ない、と考えているのである。

Mさんとこの食堂に入ってお惣菜を選んでいると、オープンキッチンで料理をするおばさんに声をかけられる。Mさんのレンコンは本当においしいのよ、Mさんの真面目な人柄がそのままレンコンにあらわれているから、という言葉にMさんは少し照れる。

人材、取引費用、ソーシャル・キャピタルといった社会学者や経済学者たちの用いる言葉をなかなか用いる気になれないのは、経済外的な要素を市場経済の中心性を疑わずに説明してあげようとする上からの目線をかすかに感じとってしまうからである。Uさんや食堂のおかみさんやMさんが築き上げた信頼関係と、アルバイトの学生たちの思考の柔軟性を、ソーシャル・キャピタルという言葉が掬《すく》い上げる過程で落ちるものは多い。むしろ、その信頼関係の手のひらのなかで、この言葉が辛うじて泳いでいるにすぎない。

手のひらのなかには、ムラサキシキブ、ジャンボタニシ、食堂にぶら下がったハサミ、広告紙、あるいは干拓地の土手、盆地を囲む青い山々、そして突拍子もない規格外の思いつき、ゴミ箱の蓋の上のパン、どれもがみんな含まれている。試行錯誤の末に育て上げたレンコンや米に有機農作物という認定を与えることは、むしろMさんの野菜の価値を下げることになるだろう。Mさんの考え方を信頼して有機農産物の認証なしでレンコンや米を買う人びとをMさんもまた信頼している。

クーラーの効かないMさんの軽トラに揺られながら眺めた干拓地の高い空が、こうした思考にいまなお彩りを添えている。

アテネのアゴラ

私の知る優れたフィールドワーカーたちは、実地で学んだことをもう一度本の世界に持ち込んで吟味する。この地道な往復運動こそが、知を強靭にしていくのである。花束を作るためのハサミを渡してくれたおかみさん、地元新聞を発行し、朝市を組織したUさん、信頼を認証よりも重視するMさん、雑草を食べるジャンボタニシ、食料廃棄物の再分配に成功した学生アルバイト、これらの経験と体験を少しずつ消化していかなければならない。

フィールドワーカー見習いの私は、たまたま読んでいたポランニーの助けを借りた。彼の遺作である『人間の経済』(*The Livelihood of Man*, 1977)の半分は、古代ギリシアの交易・市場・貨幣の分析に充てられているが、ここでポランニーは食料についてかなりのページを割いて論じている。原始社会では利得操作が禁止されていた食料は、次第に経済の融通性が高まっていく古代ギリシアの時代になっても、基本的に価格は安定し、利得の対象となることから守られていたという。それは、マーケットという言葉の本来の意味でマーケットを利用していたからである。ポランニーは言う。マーケットとは第一に場所である。それは「典型的には、土として食糧または食料品である生活必需品が、少量でも原則として固定価格で買えるような戸外の場所である」。このマーケットは、ポリス国家の政治の舞台であるアゴラ(広場)にあった。たとえば、けっして肥沃な土地に囲まれているわけではなく、たえず飢えの危機に晒《さら》されていたアテネにとって、食料の分配は政治のもっとも重要な課題であったが、民主制を敷くポリスにとってそこに官僚制が入り込んではならない。そこでアテネの市民たちは、民会の開かれるアゴラで、食料を安定して入手できるように工夫をした。第一に、価格を一定にして、食料の売買が利得の対象となることを防ぐこと、第二に——これは偶然の発見だったが——調理済みの食べものもここで販売することである。飲食店からの湯気や香りがあふれるアゴラは、同時に政治の話し合いの場所であったわけだ。

ポランニーはもちろん、アテネの市民は外国産の小麦を食べ、奴隷は国産の大麦を食べていたことを指摘することを忘れない。こうした食の構造を持つギリシア経済の賞賛が彼の目的ではまったくない。いま、私たちが「マーケット」と聞いて思い浮かべる自己調整的市場は、きわめて例外的な歴史的現象にすぎないことをポランニーは伝えているのであり、食料を自己調整的市場に委ねてしまったことが人類に取り返しのつかない打撃を与えてしまったことを示唆しているのである。食料が投機の対象となる現代世界がどれほど狂っているか、このことをポランニーの著作を読むと考えざるをえない。

インドの無料食堂

もちろん、ポランニーだけでは、歩いて考えたさまざまなことを整理するのに十分ではない。これまで紹介してきた調査の最終局面で観た「聖者たちの食卓」(ベルギー、二〇一一年)という映画が大きなヒントをくれた。原題は、「神はみずから料理をし賜う」(Himself He Cooks)、監督は、映像作家兼フリーの料理人フィリップ・ウィチュスと映像作家兼フォトジャーナリストのヴァレリー・ベルト、六五分の短いドキュメンタリー映画である。

舞台はインドのシク教総本山にあたるハリマンディル・サーヒブ(黄金寺院)である。ここにあるランガルという共同食堂では、驚くべきことに、毎日一〇万食の食べものが巡礼者や旅行者のために、すべて無料で提供されている。宗教も人種も階級も職業も国籍も問わない。以下の約束さえ満たせば、誰もが心行くまで胃袋を満たすことができる。

寺院に入る前は、手を洗い、靴を預け、足を清める
宗教、階級はもちろん、女性、男性、子どもがすべて一緒に座る
ターバンまたは、タオルを着用(レンタル有)
残さず全部食べること、お代わりは自由
使った食器は指定の場所へ戻す
酒、たばこ、革製品の持ち込みは禁止

一度の食事を五〇〇〇人でとるので、譲りあいを忘れない

一日に使用される食材は、小麦粉二三〇〇キロ、ダール（豆）八三〇キロ、米六四四キロ、牛乳三二二リットル。さらに燃料として、一日一〇〇本のガスボンベ、薪五〇〇〇キロが必要とされる。この映画のなかでは、さまざまな人が出てくる。寺院の近くでジャガイモを掘る人、キッチンでニンニクの皮を剥《む》く人、豆を莢《さや》から取り出す人、タマネギを刻んで涙を流す人、ショウガを小さなナイフで刻み続ける人、それを回収しにくる人、燃料を運んでくる人、鍋で食材を煮込む人、チャパティを鉄板で焼く人、食堂にゴザを敷く人、訪問者に食器を配る人、お茶を配給する人、カレーを皿に入れる人、お代わりを配る人、終わった食器を洗う人、それを運ぶ人、大きなカレー鍋に入ってそれを磨く人……そのほとんどは無償で働くボランティアであり、また、有給のシク教徒であるという。彼らや彼女らもまた同じ食事にありつくことができる。資金は、世界中のシク教徒からのお布施や訪問者の寄付、あるいは残ったチャパティを乾燥させて家畜のエサとして売った収入だというが詳しいことはわからない。ただ、食が無料で提供できる一番の理由は、三〇〇人の無償労働、そして宗教心だろう。冷蔵庫や食洗機など近代的な調理器具を使わずに、人海戦術で作り上げられるので、機械の購入と修理のコストもかからない。

単純計算で、この無料食堂が世界中にわずか七万ヵ所できれば、世界中の人びとは少なくとも一日一食は無償でご飯にありつける。マクドナルドは二〇一三年の統計で世界に約三万四〇〇〇店舗、セブンイレブンは二〇一四年六月末の統計で約五万三〇〇〇店舗というから、夢の話ではない。国連の食糧援助はもちろん、飢えた人びとを救っている。しかし、それは調理されていない。すでに述べたように、たとえ現地に物資が到着したとしても、それが地域の市場で商品に変わってしまう危険性がある。そうではなく、食材は商品化される前に直接共同食堂に届けられなければならない。アテネのアゴラは調理済みの食べものを売る飲食店であふれていた。九州の自然食のレストランには、地域の有機農法家たちが、食材を直接運んでいる。

もちろん、シク教徒ではなく、現代文明の大量消費社会にどっぷりつかってしまった私たちに、こんなことはできないという反論にも説得力はあるだろう。だが、繰り返すが、この無料食堂のシク教徒たちは、宗教も人種も階級も職業も国籍もまったく問わないと公言している。われわれが小学生で習う常識があれば、それで十分なのである。もちろん、世界のファストフード店はこの試みを応援しないだろう。民業圧迫として法廷に訴えるかもしれない。しかし、民業が生命活動を圧迫するのであれば、民業は圧迫されるべきなのだ。

この映画のところどころに、私は、手作り新聞を壁に貼ったあと、コック帽をかぶってピザを焼くUさんの影をみた。泥をかき分けながら懸命にレンコンを収穫したMさんは、軽トラに積んで黙々とこの食堂に運んでいる。細腕のおかみさんと九州の自然食レストランのおかみさんは、ムラサキシキブの生けてあるキッチンで、大きな鍋をかき回していた。食堂は、単なる生命維持装置ではない。芸術と学芸が集う文化施設でもある。もちろん、無料食堂の光景にはあの少年がいなくてはならない。彼が伸ばした手のひらには、食器がきちんと渡される。そうでなくては、ならないのである。

（初出＝「無料食堂試論」『ARDEC：World Agriculture Now（51）』日本水土総合研究所、二〇一四年一二月、二一七頁）

3　縁側のタバコ

おやつの時間

こんにちは、あ、たっちゃんかい。いくつになったかねー。あだん（あらら）、もう一〇歳だったかいね。そうそう、おじいちゃん、おーかいね？——うん、おーよ。じーちゃん、お客さんこらいたわー。（祖父が家のなかから縁側に出てくると、近所のおじさんが）——おお、おっつぁん、ちょっといいかいねー。あの、だーだい（誰か）がいっちょったが（言っていたが）、あのことだども……。——まあ、座ってタバコさーや（しようよ）——いや、もうすぐに、もどーけんね（戻るよ）。——そげんこといわんと（そんなこと言わないで）、スイカ食べーだわ。

近所のおじさんは、麦わらに作業着に泥のこびりついた長靴。汗が滴《したた》っている。玄関ではなく、庭を通ってちょっと用事に来たのだけれど、私の祖父に誘われ縁側に座ることになった。もちろん、長靴を履いたままで。農家の縁側は、椅子であるとともにテーブルでもある。そこには、緑茶とお漬物とお菓子。夏であれば、井戸水に冷えたスイカやもらいもののメロンやイチゴなんかも出てくる。焼きトウモロコシが出てくることもあったし、冷凍庫のにおいの染みついた賞味期限不明のアイスキャンディーも出てきた。まだ青い稲穂をなでたばかりの風が庭から入ってきて、祖父やおじさんを撫《な》で、古くなったレースをはためかせていく。室内では気になるにちがいない汗のにおいが、縁側ではほとんど気にならない。外となかのはざまにある、風の通り道。

こうしたおやつの時間を、島根県の奥出雲地方では「タバコ」と呼んでいた。かならずしもタバコを吸うわけではないが、農作業の合間にみんなで休んだり、お話したりすることを意味する。小学生のとき出雲市内からの帰省中も、中学校になってから実際に奥出雲に住むようになってからも、しばしば私はタバコで並ぶお菓子や果物のおこぼれにあずかった。

農家は肉体労働、腹が減る。休憩時間もかなりの量を食べ、飲む。泥のついた長靴のまま座れる縁側はちょうどいい。農村の家は、元地主の家であっても、私の家のように旧小作人の家であっても、家の大きさに違いはあっても、縁側は標準装備だ。近所のおじさんが農作業の合間にちょっと用事を済ませるならば、玄関に入らず、庭を覗いて誰かいたら声をかける。忙しければ、「ほんにやーことあーけんね（本当にやることがあるから）。だんだん（ありがとう）」と断って帰るし、繰り返しの引き留め攻撃に根負けすれば、縁側に渋々座る。私の記憶では、すぐに帰るのは二割に満たない。「結構、みんな断られんなー」という印象だった。

縁側の力

年の瀬も迫り、家のまわりが雪で埋もれ始めると、どこの農家も餅つきを始める。うちはだいたい一二月二九日頃だった。餅米を、納屋と母屋のあいだにあるかまどで薪炭に息をフーフー吹きかけて炊く。私はこの火遊びが好きで、煙が入った目をこすりながら、木ではないものも燃え盛る炎のなかに入れて喜んでいた。炊き上がった餅米を、納屋のなかに用意された臼のなかに入れ、男たちが餅をつき、女たちが濡らした手でこねる。私たち子どもは、祖母が切った餅を親指の付け根でクルクルと揉《も》み、形を整える。

ある程度の数まで餅ができたら、今度はそれらを、縁側に敷いたむしろの上に綺麗に並べて乾燥させる。乾燥させれば、長いあいだ保存がきく。私の作る餅はいつも形が歪《いびつ》でおいしくなさそうだった。でも、ギンギンに冷えた縁側いっぱいに並んだ餅の香りをかぐのは、なぜか好きだった。

お盆になると、京都から従姉妹たちがやってきた。私はいつも楽しみだったけれど、会う前は緊張していた。縁側は、このときも威力を発揮する。それは、第一に、少し暗がりの部屋と比べて、光が射したり、雲で暗くなったり、陰影のコントラストがはっきりとした遊び場としてだ。縁側は、隠れん坊や鬼ごっこだけではなく、従姉妹たちの話す秀逸な怪談を聞く場所でもあった。こまを回したり、ミニ四駆も走らせたりした。大分古くなった板で、湾曲しているけれども、遊びには便利である。

第二に、バーベキュー・パーティーの椅子でありテーブルとしてである。とれたての野菜、大皿いっぱいに積めこんだおにぎり、そして奮発して買ってくれためったに拝めないお肉、十分におこした炭の上でじゅうじゅう焼いて、焼き肉を食べる。うちわで顔を煽《あお》ぎ、うるさいほど鳴きわめくカエルの合唱を聞きながら、煤と煙を浴びる。煙は部屋のなかにも入ってきて、ずっと流れているテレビの演歌番組にスモークをかける。そのあと花火でもやると、縁側から親が写真を撮ったり、座って眺めたりしている。縁側の床には思い出がしみついている。

オフィシャルでもなく、プライベートでもなく

玄関でもなく、お勝手口でもない。縁側はどんな場所だっただろうか。

玄関は、オフィシャルな異界との接点である。郵便屋さんや保険の外交員や家庭訪問の先生は玄関からやってくる。ごめんください、と入ってきて、ただもおせわになーまして（どうもお世話になりまして）と述べて、用件を済ませ、帰っていく。ただ、「オフィシャル」なみなさんも親戚だったり、同級生だったりすることもあるので、結局、客間にあがって「タバコ」となることも少なくない。とはいえ、玄関はやはり、かしこまっている。

お勝手口は、プライベートな空間である。農作業を中断して、帰ってお茶を飲む時間はだいたいお勝手口から靴を履いたままパイプ椅子に座る。お勝手口はそのまま台所でもあるので、昼ごはんの残りものであるあご焼きや漬物を食べ、お茶で流し込む。塩分の摂りすぎ、という栄養学的なコメントは、しかし、しょっぱい汗を滂沱《ぼうだ》のごとくかく農家には的外れであろう。お勝手口にも、家族以外の人がきたことがあった。乾物売りの行商の若い女性である。行商のなかで変わったパターンは、突然踊りだす、というものがあった。「おとうさん、ありがとう」「おかあさん、ありがとう」と歌って踊って、そして、高いわ

かめや昆布を売るのである。私はよく、それを口をぽかんとあけて眺めていたものだ。

玄関や勝手口と比べると、縁側というのはなんとも絶妙な空間である。オフィシャルでもプライベートでもない。縁側は、庭に面している。けっして大きな庭ではないが、庭からは、斐伊川《ひいかわ》の源流である船通山《せんつうざん》が借景となって眺められるので、もっとも気持ちのよい空間となっている。縁側の戸をはずすと、客間から庭にかけて風が入り、内と外が一体となる。昼寝にも最高だ。座布団を並べてゴロンとなれば、あっという間に夢の世界にトリップできる。そのあいだに風だけでなく、ハチやアブやハエやアリもわざわざ入ってきてくれる。ハエは私のお腹の上を乱舞し、蚊は寝ている私の血を吸う。虫との仁義なき戦いが繰り広げられる舞台も、やはり縁側である。

縁側の戸をはずすときは、葬式のときだ。葬式が決まると、近所のみなさんが家のなかに入り、とくに喪主の許可もなく、冷蔵庫をあけ、器を棚から取り出し、訪問者のための料理を始める。さらに、掃除をして、スペースを確保し、つぎつぎにやってくる来客を入れて、お酒やお茶を飲ませていく。縁側も宴会場になり、おじさんやおばさんたちが縁側に座布団を敷いて、お話をする。縁側は葬式の舞台の一部にもなる。庭から入ってくる弔問客たち、そして、和尚《おしょう》さんも縁側から入り、縁側から出ていく。和尚さんは、大きな荷物を抱えて、そのまま客間にある仏壇に座る。死者も客間に寝かせられ、客間から縁側を通って、庭に出て、そこから親戚一同によってお墓まで運ばれる。土葬だったときは火葬場には行かなかった。僧侶と死者の出入り口でもある縁側は、異界と現世の境目でもある。

縁食の縁

孤食のように孤独ではなく、共食のように共同体の意識が強くない食の形態を、私が「縁食」と呼んでいることはすでに何度も述べた。誰もが入りやすく、かといって強制もない。食卓の前では、世代も、性別も、貧富も、国籍も問われない。いろんな人たちが集い、去っていく。「食べること」という基本的な人間の営みを軸に、人びとの縁がゆるくからまって、またほどけていく。「縁食」という言葉をめぐって『ちゃぶ台』に連載しているうちに取材も増えたが、どうしてこんな名前を付けたのですか、と質問されたとき、真っ先に頭に思い浮かぶのが、小さい頃の縁側の風景だ。

家の縁にある、家の外となかをつなぐ空間である縁側。ここで繰り広げられた食の風景は、いまもなぜか鮮明に記憶に残っている。庭に入ってくる人たちは、縁側に吸い寄せられるように座り、お茶を飲み、ウリの漬物をかじり、スイカの種を庭に飛ばした。

庭の手入れをお願いしていた近所のおじさんは、私の母親の葬式が終わり最後の挨拶で

「庭の手入れをしちょーとね、縁側にいっつもお茶を持ってごしなはった」と言って、そのまま泣き崩れた。その頃社会人になりたての私は、そこが涙腺の緩むポイントなのか、と驚き、感涙の秘話として受け取っていいのか戸惑った。

でも、いまなら、なんとなくおじさんの気持ちがわからないでもない。母の葬式から一〇年以上経って、夏に帰省したときのことだ。かんかん照りの太陽の下、庭で草取りをしていた。ふと部屋のなかを眺めると、太陽の光になれた目には暗く感じた。あの奥の暗がりからもしも足音が聞こえたら、縁側でちょうど陽の光がその足音の主を照らすだろう。それが毎回生きている人間とは限らない。いつか死者に邂逅《かいこう》するとすればそれは縁側かもしれないと、私はそのときようやく気づいたのだった。

（初出＝「縁側のタバコ」『大人ごはん』Vol.3、二〇一九年六月、四－九頁）

第4章

縁食のにぎわい

1　死者と食べる

死者のおむすび

　みよさんは、一九四五年三月九日の三時に産気づいた。一三人目の赤ちゃんである。生まれてから小一時間、B29が東京の上空にたんまりと焼夷弾《しょういだん》を抱えてやってきた。風の強い日だった。

　早乙女勝元さんの『東京大空襲』によると、みよさんは、産湯《うぶゆ》につかったばかりの赤ん坊とともにタンカに乗せられた。タンカの上に敷布団二枚、上に掛け布団二枚。「先生、このあたしだけ、病院に残してくださってもいいんです」というみよさんに医師の江口勝四郎は「患者を殺して、医者が生きられますか！」と怒った表情で答えたという。

火の粉の舞うなか、医師と看護師たちはタンカを持って右往左往した。炎に煽られるとその渦のなかで人間たちはくるくると舞って焼き尽くされていく。空襲のなかで、火は燃え移るのではない。灼熱の空気のなかでは突然発火するのである。

猛火のなかを医師と看護師の超人的な行動によって、なんとか生き延びたみよさんは、とあるアパートの一室で夫と子どもたち一二人がやってくるのを待った。三月一一日、病院の看護師さんが田舎から帰ってきて、おむすびを一個わけてくれた。

みよさんは、それをありがたくおしいただき、自分は食べずに、やがてここへかけつけてくるだろう子どもたちのために残した。一二人の子どもに、たった一個のおむすびでは、どうわけていいか見当もつかなかったが、それでも、なにもないよりはましだった。（『東京大空襲』岩波新書、一九七一年、一六九頁）

結局、一人もおむすびを食べることはできなかった。東京大空襲で一三人の家族全員が亡くなったのである。このあと、みよさんがこのおむすびを食べられたのか記されていない。みよさんが食べたか食べなかったかを尋ねることは無意味である。早乙女さんはそう気づいていたのだろう。それよりも、帰ってこない一二人の子どもに食べさせられなかったおむすびの意味のほうがずっと重い。

大尉の銀シャリ

瀧本邦慶《たきもとくによし》さんは、一九四四年二月初旬、東カロリン諸島のトラック島に到着した。上陸後の二月一七日、アメリカ空母部隊に二日間空襲を受けた。これによって、内地からの補給がすべてストップした。

「次第に生活物資が不足し、在庫なし。栄養失調者が増え、毎日のように餓死者が出る」。

「仲間が骨と皮だけになって次々と死ぬ」。せめて餓死した仲間たちを土に埋めてやりたいと思うのだが、体力がないので、二〇センチが精一杯であった。ふと瀧本さんは気づく。

「ただ一途にお国の為に死ねと教えられ、信じてその通りの行動をとってきた。このまま死んだのでは一体何の為に生まれてきたのであろうか。悔やんでも悔やみきれない」。瀧本さんはミッドウェー海戦で四隻の空母が撃沈されたとき、脇に傷を負った。この空襲を受けたあと、日本の新聞では「大本営発表、ミッドウェー海戦にて我が方の損害、空母一隻撃沈され、一隻大破」とだけ報道された。

私は餓死寸前のところで命拾いしたわけだが、あの憎たらしい分隊長のS大尉のことは生涯忘れることはできない。食べ物がないときに、部下が骨と皮だけの骸骨のようになり餓死しているというのに、自分だけは平然と銀シャリを食べていた。そのことは、忘れることなく終生恨み続けるだろう。（戦争体験を語り継ぐ会『語り継ぐ　あの戦争を繰り返さない』二〇一六年、一二三頁）

瀧本さんにとって、もっとも強く憎しみを向けるのは自分の体に銃弾を撃ち込んだアメリカ軍ではない。嘘の報道《フェイク・ニュース》を流しつづけ、若者の生命を浪費するだけの大本営であり、若者の生命をいたぶるこのS大尉である。部下が飢えて死が間近に迫っているということを真に理解できない感覚は、部下をコマとしてしか使用できない現代社会の上司たちに引き継がれている。この銀シャリは、部下とともに食べられなかったという意味において、歴史にその存在を残したのである。

中国人のトウモロコシ

苗村富子さんは、「大陸花嫁」として滋賀県の農村から満洲にわたった。一九四五年八月九日、ソ連軍が満洲国の国境を越えて攻めてきた。苗村さんの逃避行が始まる。子どもを一人背負い、もう一人は手を引いて歩いた。「苦しくて苦しくて、そして悔しかった」。喉がかわくと地べたの泥水をすすった。大便も血便ばかりだった。ようやく日本軍が集結している場所にたどり着く。そこで通りすがりの日本兵から背中の子どもがおかしいと言われた。背中の健ちゃんは死んでいたのである。この日本兵はスコップを持ってきて穴を掘り、健ちゃんを埋めて数人の兵隊と一緒に読経してくれた。涙が止まらなかった。その後、再び南下となり、途中、山の草小屋で雨露をしのいだ。良心の呵責《かしゃく》に苛《さいな》まれつつも、子どもに食べさせるために、現地の人たちが作った畑からトウモロコシやアズキを盗んだ。あるとき、トウモロコシを盗んでいる最中に、大きな男が二人立ちはだかり、殴りにきた。苗村さんは、必死に命乞いをする。

　私は、ろくに知らない中国語の単語を並べて、「私には子供が二人います。食べ物が無くて子供も死にそうです。悪いとは知りつつ作物を盗んでいました。助けてください！　お願いです。お願いです」という意味のことを訴えました。（平和祈念事業特別基金『戦争体験の労苦を語り継ぐために　「平和の礎」選集・児童書2』二〇〇五年、九一頁）

相手は「裸になれ」と命令する。殺されるかと思ったら「これで勘弁してやるから、代わりに女の子をくれ」と言われ、時計と小銭を巻き上げていった。「はい！」と言ったあと、身を隠して、子どもの元に戻り、着いた途端に気を失った。結局、苗村さんは子どもを渡さなくて済んだのである。「人間は生きるためにはどんなことでもするのか」と良心の呵責に責め苛まれたが、「行動は逆だった」「子供を食べさせるには、こんなこともしなければならなかった」と苗村さんは当時を振り返っている。盗まなければならなかったトウモロコシとして、近代史にその存在を残している。

死者との縁食

死んだ一二人の子どものおむすび、骨と皮の部下の前で平然と上司が食べる銀シャリ、中国人農民の畑から盗んで食べたトウモロコシ——戦争体験者が語る食べものは、どれも切実である。戦争は食べものの重さを一気に増やす。食べものは人と人の縁をつなぐばかりではない。断ち切るのだ。

瀧本さんとS大尉を分け隔てるのは銀シャリであった。飢えて死んでいった戦友たち、骨と皮になって生き残った自分たちは、此岸と彼岸に分かれているが、その距離よりも、瀧本さんにとってS大尉との距離ははるかに遠い。逆にいえば、死は人を分かつとは限らないのである。

瀧本さんのエピソードでもうひとつ重要なのは、アメリカの攻撃によってトラック島と日本本土との補給線が断ち切られたことである。これまでかろうじて大本営と兵士のあいだを抽象的につないでいた食べものさえも消えてしまうと、もはや、やせ衰えるばかりである。瀧本さんは、この食べものの切れ目が縁の切れ目である、という世の中の厳粛な法則を実践している。来ない糧食《りょうしょく》を通じて、大本営と縁を切ったのである。

そして、食べものは、現世でわれわれのあいだを分断しようとする戦争や権力者たちではなく、あの世に旅立った子どもたちや配偶者や戦友たちとの縁を結ぶ。みよさんにとって、一二人の子どもたちと食べられなかったおむすびは、それゆえに、一二人の子どもたちとみよさんの縁が切れていない証《あかし》となっている。苗村さんが盗んだトウモロコシは、背中で亡くなった健ちゃんに食べさせられなかったことの悔いの証である。

死者とともに食べる

私たちは死者とともに食べている。死者はきっと私たちと食べている、と信じて食べている。そうしなければ、どうして人間は親しい人の死に耐えられようか。

死者の無念とともに、死者のこの世への未練とともに、死者のあの世でのうらやましいくらいの幸福とともに、私たちは毎日食べる。

死者のかつての大好物、死者がかつて作ってくれた得意料理、死者が食べられなかったあの店の人気メニュー、死者がきっと大きくなったら食べたであろう食べもの、死者がいずれ弱るであろう歯では食べられなくなったはずの硬い食べもの、死者が死にかけていたときに口に押し込んだあの食べもの、死者に供えた食べものを、いま笑って食べることができる。

死者との縁は、宗教者だけの占有物ではない。死者との縁は手紙、写真、思い出とともに結ばれているだけではない。食べものであれば、信じることができる。食べるとき、死者と同じテーブルについていると思えば、それは縁が切れていないということを意味する。

なぜなら、食べものもまた死者だからである。生きとし生ける森羅万象の世界で生命活動を中断させた存在を食べることでしか、私たちは生きていけない。それは動物も同じこと。ただ異なるのは、人間は死者とともに生きる能力を持っていることだ。

金の切れ目は縁の切れ目であるというあまりにも厳しいこの原理を、私たちは日々の暮らしでたくさん目にしている。しかしながら私は、食の切れ目のほうが金の切れ目よりももっと鮮やかな縁の切れ味を私たちに見せると考えている。

大量の人間の生を断ち切ってきた最先端の兵器であっても、縁までも切れるほど万能ではない。縁だけは空爆で吹き飛ばすことができない。縁は生死の彼岸にあるからだ。食べものなんて戦争の圧倒的な破壊の前に簡単に消し飛ぶし、ガンジス川の砂粒のような存在にすぎないが、食によって縁が切られるときの切れ味と、傷の深さは、戦争のそれをはるかに超える。食がつなぐ縁は戦争よりもしぶとい。

たしかに、剣はパンより強いかもしれない。けれども、縁は剣より強いのである。


（初出＝「縁食論（3）——死者と食べる」『ちゃぶ台Vol.4「発酵×経済」号』ミシマ社、二〇一八年、三八－四六頁）

2 食を聴く

せんべいの音

食文化とは、人間のすべての感覚に訴えてくる総合的文化である。

味覚と嗅覚は言うまでもない。お椀の味噌汁から漂う大豆発酵の香りと、味噌汁を口につけたときに広がる濃厚な味わい。鼻と舌という器官は食の舞台では主役級だ。それ以外に、視覚、触覚、聴覚も深く関わる文化であることも、容易に理解できるだろう。一皿に載せられた食べものの色彩と配置は絵画にたとえられるし、歯ごたえや舌触りという名詞は世のグルメ本には欠かせない。二日酔いの朝、口に含んだ味噌汁は、まだ眠っている鼻腔の嗅細胞を挑発し、舌の真ん中あたりの痛覚をも刺激したあと、喉の上方から吸収されていくように、体に浸みわたる。

ただ、聴覚については、ほかの感覚と比べて、これまでほとんど掘り下げられてこなかったように思うので、ここでは食と音について考えてみたい。

食の「音」が意識されるのはどんなときだろう。私にとって真っ先に思い浮かぶ音は、せんべいを砕くあの音である。

私の職場は、定期的に研究会を運営したり参加したりして、その道のエキスパートの話を聴き、知見を蓄え、研究報告書やシンポジウムというかたちで社会に還元することを主な職務としている。研究会は平均四時間、場合によっては五時間に及ぶことが多いので、発表者や参加者がおやつや飲みものを持ってくることがある。

これを休憩時に食べるのが楽しみでもあるのだが、研究発表が三時間以上続くこともたびたびあって、そのときには小腹が減ってくるので、聴きながら食べることもある。研究会中にせんべいを食べる音は、部屋全体に響きわたる（と私は恐れる）。ので、できるだけ音を立てないように砕くのだが、かえってそのゆっくりと砕かれるせんべいの音が悪目立ちしてしまう（と私は恐れる）。しまったと口に含んだせんべいの行き場に自信を失った私は、悩む。このまま飲み込んでしまいたい。だが、それは私の食道と胃袋を傷つけてやまないだろう。いっそのこと高速で噛み砕いてしまおうか。噛むべきか、噛まぬべきか。

悩む私がふと目をあげると、目の前の参加者が、勇猛にもせんべいを噛み砕いていることに気づく。しかも破砕《はさい》音があの独特のリズムを刻んで部屋に響いている。なんと勇敢なせんべいの戦士だろう。

生来気の弱い私は、勇敢な戦士の放つ音に紛れるように自分の口のせんべいを食べ切ることに成功するのである。私がこの間一言も漏らさぬように真剣に報告を聴いていることは、名誉のために付け加えておきたい。

総じて静かな空間は、食べる行為が音を発する行為であることを思い起こさせてくれる。箸が茶碗に当たる音。ナイフとフォークが皿に当たる音。蕎麦をすする音。スープをすする音。キュウリの漬物を噛む音。レンコンを噛む音。肉を切り分ける音、骨についた肉をしゃぶる音。ビールが食道を通る音。バリボリ、カツカツ、コツコツ、ズズズズ、ギコギコ、シャキシャキ、ゴクリ。食卓は本来さまざまな音に囲まれている。

胎児の聴く音

胎児は、あるときから子宮のなかで音が聴こえるようになるという。産婦人科医の増﨑英明はこう述べている。「子宮の中ってめちゃめちゃやかましいんですよ。お母さんの心臓は子宮に接してますから、おそらく、ドッコンドッコンドッコンドッコンってずーっと聞いてたら、たまらんですよ。ノイローゼになる」（増﨑英明・最相葉月『胎児のはなし』ミシマ社、二〇一九年、一二五—一二六頁）。ならば、母親が食べたものが、食道を通って、胃や腸で揉まれる音も、心臓の鼓動の合間に、羊水の振動を通じてきっと聴いているのではないか、とこの一節を読んで考えた。他者が食べる音は、生まれたばかりの赤ちゃんが母親の心臓の近くに置かれると泣き止むように、安らぎのようなものを与えるのではないか。

たとえ胃腸の音が心臓音で掻き消されているとしても、心臓の鼓動は、胎児の栄養を送る音だ。私は、ともに食べることが、単に複数で食べること以上の何かをもたらす理由として、母親の胎内にいたときの「耳の体験」があるのだと考えている。子宮のなかで母親と一緒に食べていること。つまり、縁食の原型である。心臓の音を聴きながら、へその緒を通じて食べていることは、ともに食べることの原初的なかたちではないだろうか。

実際、食べる音は、歯にせよ、舌にせよ、喉にせよ、胃袋にせよ、腸にせよ、人間の体のなかが発する音である。食べる音は、本来、自分が動物として生まれてきたことをそっと私たちに再確認させる音だと言える。それはもっと多彩だったはずだ。

皮のついたリンゴを丸ごとかじる音は、切られたリンゴを食べる音よりも硬質で高い響きを持つ。氷を噛み砕く音は、かき氷を食べる音よりも低音で岩を砕くように口腔内に轟《とどろ》く。一本のキュウリを噛み切る音は、刻まれたキュウリを食べる音よりも折れる感じが出ていて爽快。焼き鳥の軟骨を噛み切るときの音は、わずかに歯が滑ったあとに、心地よい野蛮さを響かせる。喉から胃袋にかけてその通過の感覚が残り続けるのも軟骨のうまさである。トウモロコシをかじるとき、芯から実が外れる音はユニゾンを楽しめるし、とろろご飯を食べる音は蕎麦やうどんをすする音と似ていて、スピード感にあふれている。

話を料理技術にまで広げてみると、食の音はさらにヴァラエティを増す。心地よい音に思われる度合いが高いのは、まな板の上で野菜を刻む音だろう。野菜そのものの音に刃が板に当たる音がダブって響いてくる。ダイコンやショウガをおろす音は大地を鳴らす重低音に痛みの感覚をも伴う。鍋のなかで煮える煮物の音は冷えた心を温めてくれるし、かき氷を削る音は体と心に涼をもたらす。ハンバーグを捏《こ》ねる音、ポテトコロッケの具を整える音は、皮膚と湿り気とねっとりした具材との競演となる。多彩なパーカッションこそが、料理の音文化を豊かにしてくれるのだ。

こすり合う音

食べる音は、食べものの「もの」の性質を伝えてくれる。もののテクスチュアと言ってもよいだろう。「歯ごたえ」という言葉に見られるように、食べもののテクスチュアとは、身体に対する抵抗を示すものとも言える。繰り返すがレンコンやニンジンなどの根菜にあるたくさんの繊維は、独特の歯ごたえとともに、断末魔の叫びではなく、あの爽快な音を引きおこす。しかもその「抵抗」は体内で続いていく。強烈な消化液のシャワーにも耐え、大腸まで運ばれて、微生物たちのごちそうとなる。食べ終えた微生物は気体を放出し、大腸を膨らませるのである。ガスが体外に出されるときの金管楽器に似たあの音も、食の交響楽団の構成員として認めるべきだろう。

鷲田清一は、「歯ごたえ、舌ざわり、喉ごしといったテクスチュアの表現はまた、そのまま肌ざわりや着ごこちの表現としても用いられるものが多い」と述べたうえで、人間は口から肛門までのチューブにたとえられるが、「チューブの外壁で起こる皮膚感覚が肌ざわりだとすれば、内壁で起こる皮膚感覚が口あたり」になる、と表現している（『ひとはなぜ服を着るのか』ちくま文庫、二〇一二年）。

着道楽と食道楽という言葉がともに存在するように、着心地という言葉があるのならば、食べ心地という言葉があってもよい。食べ心地は、ちょうど、朝起きてシャツの袖に腕を通すときの清々《すがすが》しい気持ちとどこかで通底している。死せる生命体の塊が、生きているにちがいない私の内なる肌を通っていき、生きていることを確認させる音。生きる生命体と死せる生命体がこすり合う音に耳をすませる、ということが、食を聴くということであり、ひいては、生を聴くということなのである。

こすり合うこととは、摩擦することである。摩擦は熱を生み出す。生命体は外界と摩擦するがゆえに熱を発する。熱は生命の兆しであり、生命の証である。摩擦のない世界は、アイスホッケーのパックのように、最初の一撃によって与えられた力のベクトルにしたがって、ひたすら滑り続ける。生命とは逆に、氷を削って氷山を登る人間のようだ。砕き、抗《あらが》う。食べることの意味もまた、こうした抗いにあるはずである。

しかし、生きる生命体とこすり合わない食がとても増えているいまという時代は、どういう時代なのだろう。胃腸をいたわってあらかじめドロドロにしてある食事は、胃腸を病む患者には不可欠の食事であるが、しかし、そうではない人にとっても欠かせなくなってきている。徐々に、食べる主体を剝奪され、「病院食」を食べる時代になりつつある。

縁食の音

子ども食堂で実践されているように、孤食ほど寂しくなく、共食ほど規制が強くない食のあり方を「縁食」と名付け、ちょうど建てものの縁側のようなその食のあり方を考えてきた本書で、では、音とはどのような位置にあるのだろうか。

それはやはり、へその緒がつながっていたときに耳にした音のように、食の原初的な琴線に触れることではないだろうか。

子どもが好むお菓子には、内なる肌を刺激するものが少なくない。口のなかに入れて弾けるものもあるし、かじると派手な破裂音を立てるものもある。それを売り文句にする商品もある。おそらく、食べやすく、消化しやすく、嚙みやすく、溶けやすく、砕きやすい食べものがレストランから食卓まで闊歩《かっぽ》している世の中で、食べものの抵抗を感じ、胎児の頃聴いていた食べものの「もの」性を感じなおすため、あるいは、食べるという行為の原始の音に再び触れたくなって、そういった食べものに魅力を感じているのではないか、とさえ考えたくなる。

音楽学者の岡田暁生《あけお》は、『音楽と出会う――21世紀的つきあい方』(世界思想社、二〇一九年)のなかで、一九八〇年代以降、音楽が次第に環境化していくことを指摘している。耳触りが良く、スーッと流れていくような音楽が増え、癒やしブームがそれに乗っかり、挙げ句の果てには心を癒やすための音波が垂れ流されるユーチューブの番組が大量に聴かれる時代。引っかかりのない、それゆえ、聴くものが考えなくてもよい音楽が市場に出回り、安易な涙やリラックスや癒やしを誘う。

食べものも同様だ。引っかかりのない食べもの。スーッと胃袋を通り抜けていくような清々しい食べもの。そこからは、生と死がギシギシと軋《きし》みながらこすれ合うあの音はしない。

料理もまた、洗わす、切らず、砕かず、すりおろさず、潰さず、茹《ゆ》でず、焼かずにただ電子レンジに入れるだけの食品が、家庭のみならず、レストランでも用いられている。食品産業にとって、家庭とレストランはもはやその工場の最終ラインとなった。もちろん、食材を洗い、切り、砕き、すりおろし、潰し、茹で、焼くことを特定単数の性に任せ続けることを主張しているわけではない。食の音を聴く暇を惜しんで、労働と消費時間を増やし続ける社会こそが問われなくてはならない。

いうまでもなく、食べることは本来的には消費ではない。そう錯覚するようになったのは、食が商品として大量に売られ捨てられるようになったこの数百年の限定された時代だけのことにすぎない。たとえば、調理員の畑から収穫されたサツマイモを食堂で用いるように、あるいは、持ち込んだ食べものと食堂の食べものを一緒に食べられるような、そんな食の空間の寛容さこそが縁食の必須の条件であるが、それは食からその商品性を引き剝《は》がす試みでもあった。商品性の伴う、ピッというバーコードを読み取る音やカサカサと鳴る包装パックの音ではない食の音。売り手の世間話と一緒にリヤカーでガタゴト運んできた野菜のように、商品に還元しきれない音。農家の庭先と食べ手の玄関先を結ぶことによって、食が社会にもたらす摩擦の音を取り戻す試みだともいえよう。

最後に大急ぎで付け加えよう。一枚のせんべいを二人で食べるときに割る場面を想像していただきたい。あの音も、食の商品化の歴史よりもずっと昔から存在する、食の原初的な音、すなわち「分有」もしくは「共有」の音、もっといえば、ともに生存する音である。けっして真っ二つには割れないあの音、ちょっと地面を這う生きものへのおこぼれも生じてしまうあの音、微妙な調整と会話が必要になるあの音を、消していくのではなく、増幅させることもまた、食の音楽学の必須の課題と言えるだろう。

（初出＝「縁食論4――食を聴く」『ちゃぶ台Vol.5「宗教×政治」号』ミシマ社、二〇一九年、一五三－一六二頁）

3　縁食の祭り
――『ポースケ』に寄せて

言葉を飲み込む

津村記久子の『ポースケ』（中央公論新社、二〇一三年）という小説は、もしかすると人間が主役ではないかもしれない。主役はきっと小説の舞台、つまり、奈良の商店街のカフェ「食事・喫茶　ハタナカ」ではないか、というのが私の読後感である。

たしかに、この喫茶店の主人である「ヨシカ」や、彼女の友人の「ナガセ」など、『ポトスライムの舟』（講談社、二〇〇九年）の作中人物たちの再登場は、津村ファンにはたまらない。パワハラのトラウマから睡眠障害に悩み、電車に乗ることができない「竹井さん」は津村作品でたぶん初登場だが、主人公と言ってもなんら違和感のないくらいの存在感をこのカフェに放っている。

けれども、この小説の語り手がそれぞれ個性際立つ人間を描きながらも、それと同じぐらい細やかに表現しているのが、このカフェのふところの深さである。ここでは、それぞれ絶対に傷つけ合わない程度の距離感を保ちつつ、疲れない程度に気を遣い合い、衝突しない程度に言葉を交わし合う女性たちや男性たちが、なんとか「居る」ことができる。じつは、ヨシカのカフェは、『ポトスライムの舟』でも繰り返し言及されていて、後景の役割に甘んじていたのだが、今回は前景化されている。なんとか居ることができる、ということをことさら強調するのは、作中人物たちが抱えている各々の問題は、それなりに深刻だからである。娘が就活で苦しんでいる。ストーカーの元彼につけられている。子どもが欲しいのに子どもができない。職場に適応できずにやめる……。

ふところが深いカフェ、というのはちょっと変な言い方かもしれないが、この作品には合っているような気がする。社会に適応しづらい人間たちの存在を認めて、居させるそのふところの深さ、という感じだろうか。とにかく、食べるものではなく、食べる場所、もっといえば、その場所をめぐる人間たちの浅かったり深かったりする交流や接触が描かれている。このこと自体、子ども食堂が多くの子どもや大人の居場所を提供している昨今、興味がそそられる。そうした背景から、私は、『ポースケ』について一度じっくり取り組んでみたい、と前から思っていたのだった。

ところで、津村記久子の作品には、言いたいことを言葉にして頭に描いたあとに飲み込む場面が少なくない。職場や家庭内での身体的ないしは肉体的な持続的暴力に傷つき続ける女性たちの姿は、津村作品に繰り返し登場する原型である。暴力の担い手である人たちの前で、受け手である作中人物たちは、言葉をゴクリと飲み込む、いや、飲み込まざるをえない空気を前提にして過ごす。力の流れが一方向に傾く空気は、『ポースケ』の作中人物たちがそれぞれ自己のオフィシャルな領域で苦しめられてきた空気でもある。言ってしまうとその場がしらけたり、罵《のの》り合いに発展したり、殴り合いになったりしそうなその寸前で止めて、飲み込む。そういえば、私たちは毎日食べものや飲みものと同じくらい言葉を飲み込んでいるかもしれない、と読者は思わされるかもしれない。

この喫茶店は、公共空間というにはクローズドで親密空間というにはオープンである。なので、客も店員も、それなりに気を遣い合ってはいるが、言いたいことをグッとこらえる、ということはあまりない。しかも言葉を飲み込んだとしても、上記のような暴力の受け手として抵抗の言葉を飲み込んできた人にとって、けっして辛い「飲み込み」ではない。逆に、ぽろっと漏れでた独り言のようなささいな言葉の屑《くず》が、サラッと見ず知らずの人に拾われやすい空間にもなっている。いわば、抵抗になりきれなかった言葉屑だ。言葉屑は、オフィシャルな場所では、有効に働かず、飲み込まれたり、独り言として片付けられたりするが、このカフェのような場所では、言わずとも床に落とすことはできる。しかも、この場所で人びとが飲み込むものは、主として、言葉ではなく、ダージリンであったり、コーヒーであったり、チャイであったり、あるいは、湯気がもくもくと立つ色とりどりのランチメニューであったりする。「大きめに握った鮭とごま、塩と海苔のおにぎりと、ほうれん草のおひたし、かぶの漬け物、豚ばらの生姜炒め」（八頁）なんていうメニューの選び方は、あとがきに書かれてあるような作者の入念なカフェ調査の上で成り立つのだが、それにしても、そういうカフェにぴったりなメニューであるうえに、空腹の読者泣かせの描写力である。

佳枝の場合――睡眠障害者の居場所

竹井佳枝は、昼間から眠くなる睡眠障害に悩まされている。公共交通機関に乗ることもできない。それを心配した母親が、自宅から徒歩二分にある「食事・喫茶　ハタナカ」の主人、ヨシカに頼み込んで、七時から一四時という時間帯で働かせてもらうことになった。それでも、帰宅の二分のあいだに商店街のゴミ箱に倒れ込んで寝てしまうほど重症だ。この奇病に対し「ハタナカ」がどう向き合うか。これが、この小説の見せ場のひとつである。

睡眠障害のきっかけは、職場の上司のパワーハラスメントであった。職場の夢を見てしまうかもしれない、という恐怖心が夜の安眠を妨げるのである。同族企業の会社役員の秘書になった佳枝は、一日中ふんぞり返って何もしない役員から悪口を言われ続けた。日本で大きな地震があった週明けの月曜日には、「椅子に座る姿勢が悪い、だから血行が悪くなって冷え、頻繁にトイレに行きたくなるのだ」（九〇頁）と佳枝を謗《そし》った。言い返すことをせず、趣味で学んでいたドイツ語で「彼が人を悪く扱うのは、彼が自分に自信を持たないからです」（九一頁）と書いて、不満を飲み込む。上司はドイツ語は読めない、と佳枝は思っているからだ。その佳枝にとってヨシカの喫茶店はこんな感じであった。「このまま、あらゆる人間関係に深入りせず、永遠に『誰かの好きな店』の目立たない店員でいたいと思う」（九六頁）。深入りしなくても居させてくれる、つまり飲み込みたくないものは無理に飲み込まなくてもいい場所なのである。

ヨシカと佳枝との関係も、あっさりしたものである。開店の前にヨシカは佳枝にコーヒーを入れる。

二人は厨房の隅に置いてある椅子に座り、無言で飲む。最初の頃は、少しは雑談をしたかもしれないが、今は、特に開店前のこの時間は、まったく口をきかない。ヨシカさんは、生来が無口でもおしゃべりだというわけでもなく、相手によってよく喋ったりぜんぜん話さなかったりする人のようだった。佳枝も、会社員だった頃はけっこういろいろ話す人間だったような気がするのだが、家に引きこもるようになってから口数がかなり減った。いずれにしろ、無理に話題を見つけなくていいのはいいことで、かといって、勤務時間全体においてまったく会話がないわけでもないので、佳枝は楽だった。（二〇一頁）

とっても仲の良い友人でも、かといってアカの他人でもない、この関係性の静けさと、放っておかれるぞんざいさと、交わす言葉の抑制が、じつのところ、この小説の言語交通の道路交通法になっている。ここはガッチガチの共同体ではない。一体感を求める同質化の圧力がとても少ない。ただ、店員として、あるいは客として居るにすぎない。会社に居るように、無理に口角をあげなくてもよい。家以外で口角の筋肉を休ませること。こんな場所の確保はじつは難しい。

この空気が喫茶店を満たしているために、佳枝がこの睡眠障害を克服するきっかけも、半ば強引に転がり込んでくる。彼女にはやや苦手なおしゃべり好きの客で、神戸の有閑マダムのそよ乃は、佳枝の壊れたメガネを直すために、電車に乗れない佳枝を無理やり自分の車に詰め込んで、店まで向かってしまうのである。その強引さに呆気《あっけ》にとられ、いつのまにか修理が終わったと思いきや、そよ乃は息子の怪我を携帯で知って急いで帰ってしまう。残された佳枝は電車で帰らざるをえなくなるのだが、その偶然降って湧いた試練に試されるなかで、不思議と会社の重い過去を払拭し始めていくのである。そよ乃もやはり『ポトスライムの舟』でヨシカとナガセの大学時代の友人として登場していて、とりわけヨシカとはあまりウマの合う関係ではない既婚女性として描かれていた。

自分の魂を鍛え、キャリアアップをし、社会に貢献するという自立した近代市民モデルではなく、不完全であることを前提に同質化圧力の弱い場所に漂い、偶然性に身を任せ、お互いにある部分を依存し合いながら、乗り越えられそうだったらチャレンジしてみて、無理だったら投げる。場合によっては投げたものを誰かが拾う。誰か、とは、自分のやや苦手な人物である可能性もある。強い心を持ち、チャレンジ精神をいつも忘れない「近代市民」からすれば、なんとも情けない受け身の乗り越え方かもしれないが、自立的発展に疲れた人間には、この偶発的展開は、それほど負担がない合理的選択なのかもしれない。

ヨシカの場合──誰かの薄い気配

ヨシカは、店を持つ前、二七歳のときに食品メーカーを辞めている。同期は女子が二人だけ。その一人は「愛想がよく、かわいらしいタイプ」だったので、ヨシカは「女扱い」されなかった。それは彼女には「他人の心の襞の世話をせずにすむ分、気楽だ」った。だが、その同期が「道端の猫に気が向いたら構うみたいにオチのないことを話しかけられるのがもう嫌」(二四四頁)という理由で辞めていった。そのあとヨシカはますます孤立を深めていく。

職場や大学や自宅で男たちが女たちに向ける「品定め」や「慰安」の視線は、津村作品でもしばしば描かれるが、津村はその事実自体よりは、そのような視線がデフォルトとして職場で女性に飲み込まされている事実のほうを問題にしているように私には思える。

そんな職場でヨシカを食事に誘っていろいろ話を聞いてくれるのが、職場で唯一の役職付きの女性である篠宮さんだった。じつは、この篠宮さんにまつわる小さな物語が、このカフェの創世記なのである。篠宮さんはある日、雨の日の仕事の帰りに転倒して亡くなる。ヨシカは死後一週間ほど経って、朝の通勤電車で涙が止まらなくなる。配偶者がいるかさえ知らないほど、そんなに親しい関係ではなかったのに。
ヨシカは、彼女の夫から食事会に呼ばれる。彼は、生前の妻との会話から親しかったと思われる人たちに声をかけたらしい。ヨシカは会社では唯一の人間だった。この食事会でヨシカは不思議な体験をする。

食事会では、野菜炒めと生春巻き、回鍋肉、中華粥などが振舞われた。篠宮さんの旦那さんの料理は、おいしかった。旦那さんがそれほど気落ちした様子を見せなかったせいか、食事は終始和やかな、篠宮さんの思い出話に終わった。[……]
篠宮さんは亡くなったのに、楽しいとすら思いながら食事をしていることを、ヨシカは不思議に思った。まずかったり、妙にストイックだったりする食事なら、もっと違っていたかもしれないけれども、篠宮さんの旦那さんが出したものは、味付けが濃くて、器になみなみと盛り付けられていて、単純なおいしさのあるものばかりだった。それこそ、泣いていて舌が固まっていても味がわかってしまうような。（二四七―二四八頁）

ヨシカは、このときの感情を夜に思い出すと寝られなくなるほど、心に残る。無視され続ける職場を辞めて、自分で「食事ができる店」を開きたいと考えるようになる。篠宮さんの夫の料理から、カフェ開店までの心の動きはここではあまり詳しく書かれない。だが、それは物語の始まりのほうでヨシカが語るこんな感慨のなかからうかがい知ることができる。

何か口に入れるものを傍に置きながら、誰かの薄い気配を感じつつ、一人で何も考えずにじっとできる、という状況は、意識的に作り出さないと存在しにくいものなのかもしれない、とヨシカは思う。かつ、もし店にいる時に災害があったら、それなりに助け合えるような客層であること、そういうふうに呼びかけられる店の人間がいること。人は難しい。一人になりたいといつも思っているけど、完全に放っておかれるとかまわれたいと思う。（一七頁）

「災害」という言葉には立ち止まらざるをえない。『ポースケ』は、東日本大震災からわずか二年と九ヵ月で刊行されている。このことはあとがきでも明示されていないけれども、作品を読み解くうえで欠かすことのできない時代的背景だろう。災害があったら、というヨシカの想定は唐突ではない。どんな言いたいことも飲み込むような権威的人間関係は、統率は取れているだろうが、柔軟な対応を毎秒のように要求するような災害時には脆い。

かといって、誰もがお互いの距離感を考えず、言いたい放題になるのも、とりわけ災害時には危うい。

それぞれの弱点はやや棚上げしつつ、メリットを最大限引き出すような防災思想のようなものを、カフェの店主のヨシカがある意味で政治家よりも的確に考えているのは、偶然ではない。カフェは、その場に居る人間が食べものや飲みものを飲み込んで明日まで生きようとすることが、言葉を飲み込んで支配を受けることよりも、原則として優先される場所だからである。

ポースケ――縁食の祭り

さて、本書のタイトルであるポースケとは、ノルウェーの復活祭の意味らしい、と本書には書いてある。ヨシカは、ポースケという名前のバザー兼食事会をカフェでやろうと考え、それがこの物語の最終章である。小さな、地味な、ささやかな、そんな形容詞ばかりしか思いつかないお祭りが、「食事・喫茶　ハタナカ」の物語のクライマックスになる。

面白いのは、僅差で他人より抜けていると思われるそれぞれの特質を、それぞれが持ち寄ってくる、ということだ。ナガセは、習いたての弾き語りを遠慮がちに披露する。友人のヨシカには驚きの一面だ。ナガセにピアノを教えている冬美先生は異星の生物の生殖行動を描いた『愛はさだめ、さだめは死』というSF小説の一節、たとえば「母さんはやつを裂いている、食っている」とか、かなりきわどいところを楽しげに朗読している。海外ドラマが好きな五〇代の主婦とき子さんは、刑事ドラマのマニアックな情報を書いたフリーペーパーを作る。恵奈は学校で育てた苺を使って作った宇宙食であるドライ苺を持ってくる。恵奈の母親のりつ子は、かやくごはんのおにぎり。この親子も、『ポトスライムの舟』の主要人物でもあった。料理がまったくできなかった三一歳のゆきえは、ストーカーの元彼から逃げ切り、新しい彼氏と同居を始めたのだが、自家製のキッシュを焼いて持ってくる。キッシュの野菜の切り方は雑なのだが、けっこうおいしい、とヨシカは味見する。佳枝は、得意の語学力でお客の翻訳の質問に答えている。

夕食は、ステーキと目玉焼きである。「死刑囚最後のごはん」というコンセプト。しかし、死ぬためではもちろんない。「食べて、端的に、明日の活力になりそうなイメージのもの」である。「善良な小市民である自分たちは、それを食べて明日も生きるのだ」(二七二頁)

共食とは、祭事に神様に捧げた料理を共同体の構成員で食べる行為のことである。だから、祭りと深い関係にある。では、縁食はどうだろう。縁食にはどんな祭りがふさわしいのだろうか。そんなことを私は考えたことがなかったが、おそらく大きな力をもった霊験

恐れ入ります
切手を
お貼り下さい

郵便はがき

〒602-0861

京都市上京区新烏丸頭町
164-3
株式会社ミシマ社京都オフィス
編集部行

フリガナ

お名前　　　　　　　　　　歳

〒

ご住所

（　　　）

ご職業

メルマガ登録ご希望の方は是非お書き下さい。

E-mail

★ご記入いただいた個人情報は、今後の出版企画の参考として以外は利用致しません。

ご購入、誠にありがとうございます。
ご感想、ご意見をお聞かせ下さい。

①この本の書名

②この本をお求めになった書店

③この本をお知りになったきっかけ

④ご感想をどうぞ

★お客様のお声は、新聞、雑誌広告、HPで匿名にて掲載させていただくことがございます。ご了承ください。

⑤ミシマ社への一言

今月の新刊 ②

よるにおばけと

みなはむ（著）

だいじょうぶ ここに いるよ

装丁／漆原悠一（tento）

はじめての、夜のおでかけ。景色も、音も、匂いも、昼間とはぜんぜん違う世界は、不思議で、きれいで、でも、やっぱりこわくて……。「だいじょうぶ いっしょにいこう」 おばけと共にたどり着いた先にあったのは…？ 大胆で伸びやかなタッチ、心揺さぶる光の描写、ゆらめく内面世界をみずみずしく描いた、画家・みなはむさんの、初の絵本です。

定価／￥2200＋税

あわせて読みたい

（定価￥1800＋税）

てがみがきたな きしししし

網代幸介（著）

謎の洋館に手紙を届けに来たゆうびんやさん。きしししし…ぐしししし…中からは手紙を待ちわびた、おばけたちの声が。不気味だけどどこかチャーミングなおばけたちと、幻想的な世界が美しい、てんやわんやな配達奇譚。

装丁／大島依提亜《いであ》

ミシマ社通信

2022年10月号

Vol.116

先日、ミシマ社サポーターの方に、「ミシマ社の本って、どの本屋さんに行ってもありますね!」と言われました。それってつまり、置いてくださる書店員さんのおかげなのです。作った本を届けてくれる人がいる、ってとってもありがたいことなんだ、と改めて思いました。感謝の気持ちを忘れずに、17年目も「一冊入魂」でがんばりますあらたかな神様の祭りではない。

ヨシカは、「ポースケ」に惹かれ始めていたときに、夕食を御馳走してあげた恵奈に「お祭りってどんなイメージがあります？」と聞く。恵奈は最初、「おみこし」と言ったあと、「それか、バザーですかね」と補う。学校の学芸会のバザーで、そよ乃さんが母親のりつ子の代わりにししゅうの膝掛けを作ったと、恵奈は答える。

バザーの原語であるバザールとは、ペルシャ語で「市場」を意味する。普通は屋根付きで歩廊式の建てもの内に店や工房が立ち並ぶような雑多な空間である。いろいろな商品が所狭しと並び、いろいろな人が行き交う。それが転じて、日本ではフリーマーケットのようなものも意味する。ポースケは、もっとその先端を行く。お金のみならず、ものと行為が交換される。交換の祭りだ。

ＳＦ小説の朗読、キッシュ、スコーン、フェルトの置きもの、刑事ドラマのフリーペーパー、古本、ハンガリアンウォーター、ドライ苺など、いろいろなものが行き交うなかで、行為も行き交う。それは、お手伝い、経済学の用語でいえば「労働力」である。

フリーペーパーを折る作業、ハンガリアンウォーターの容器にリボンを巻く作業、お茶のおかわり。いろいろな労働力が自然に、何か嫌なことを飲み込むことなく、提供されていく。自然発生的に始まったのが、語学勉強が趣味で、睡眠障害を克服しつつある竹井佳枝の翻訳サービスだ。エコバッグ、カバン、Tシャツ、文具、洋菓子の箱、アルゼンチンのサッカー選手の移籍記事、イランでお世話になった家族からのプレゼントである絨毯《じゅうたん》に挟まっていた紙切れ、など、機械翻訳で訳しても意味のわからないものを訳していく。

この自発的でも押し付けられるわけでもない、ささやかなお手伝い、あるいは小さなおせっかいの嵐こそ、私は、縁食が大地から召喚するものであり、その祝祭がポースケであると思う。

別れ

佳枝は、ポースケのあとしばらくしてカフェのパートをやめることになっている。小学生向けの学習塾の代用教員が特急で一五分ほどかかる場所で見つかったからだ。その後の佳枝については、この小説のなかでは描かれないけれども、ヨシカと佳枝の別れがこのあとに待っていると想像すると、少しだけジンとくる。もちろん作者は、抱きあって涙を流して別れるシーンは描かないだろうとは思う。たぶん、ちょっと声をかけて、淡々と握手をするくらいだろう。別れとは、物理的には分岐でしかない。別れと出会いの頻発は、宿木《やどりぎ》でしかないカフェの宿命である。

永続を目的とする人間集団は、それがいきすぎると生贄《いけにえ》や排除される人間が必要となるが、ヨシカのカフェは、包摂と排除を意識しなくてもとりあえずは時間を過ごすことができる。カフェの原理は、無理に飲み込ませないこと。自然に飲み込んでもらうこと。自分が属する人間集団に無理やり何かを飲み込まされ続けている人びとが、じっくりと、やんわりと飲みものばかりでなく食べものまでも飲み込むことができる場所なのである。そして、食べものの嚥下《えんげ》に慣れたその喉に、たまたま飲み込みやすい言葉が通るアヴェレージが結構高い場所こそが、「食事・喫茶　ハタナカ」であり、縁食の場所なのだ。おそらく、そんなおいしい言葉しか、品定めの視線に網羅された社会を変えることはできない。

（初出＝ＷＥＢみんなのミシマガジン「縁食論」ミシマ社、二〇二〇年一月一六－一七日更新）

第5章

縁食の人文学

1 「もれ」について
——「直耕」としての食

生命の動詞、「洩る」

洩《も》る、あるいは、漏《も》る、という動詞のイメージは総じてネガティヴだ。

雨もりは典型的だろう。「ぽたっ」というあの音を聞けば、途端に家のなかは大騒ぎだ。子どもが眉をひそめて「もれそう」と言ったとき、それが何であるかは問うまでもない。選考からもれると大会に出場できない。スポーツの世界での動詞「もれる」の縁起の悪さは、受験の世界での動詞「落ちる」に匹敵する。税金の申告もれはペナルティが課されたり、社会的制裁を受けたりする。タンカーからもれでた石油は海洋汚染の元凶だ。リュックのなかの水筒から水がもれているのを職場で発見した朝ほど、爽やかさからほど遠い朝はないだろう。秘密がもれるとその秘密を守っていた共同体はもはや復元不可能である。高速道路でのタイヤの空気もれは、天国への階段を昇るのと同義と言ってよい。

いずれにしても、本来はしっかりと囲われていたり、包まれていたり、閉められていなければならないものが、何かの拍子に外へと出てしまうことを「もれる」と表現する。ネガティヴに聞こえるのも無理はないかもしれない。

ところが、江戸中期の思想家で医者であった安藤昌益《しょうえき》は、一七五〇年頃に刊行された『統道真伝』（以下、引用は、『安藤昌益全集　第一〇巻　統道真伝　三　人倫巻』農山漁村文化協会、一九八五年より。ページ数は全集のもので、旧仮名遣いは新仮名遣いに改めた）で、「洩るる」という言葉を生命の根源をあらわす言葉として頻繁に用いている。なぜか、とってもポジティヴに響くのが不思議だ。「食無き則ち人無し。故に食を思うは中真の思なり。食して穀精満つれば精水洩るる。穀精水洩るること無ければ、人倫の生続すること無し。故に次に妻交を思うは又真思なり」（二五九頁）。食べものがなければ人間は存在しない。食欲とは「中真」、すなわち、世界の究極的な根拠である。とくに穀物で腹を満たせば自然と力が湧き、精水が体外にもれる。この精水がなければ、人間は子孫を残すことができない。「精水」とは精液だけではなく、受胎のために両性の生殖器官から生じる水分の総称をさしているようだ。「夫婦の精水は即ち米穀の精潤なり」（二六二頁）。それゆえに、性欲もまた、世界の究極的な根拠でである。こういうふうに読み取れるだろう。

安永寿延《やすながとしのぶ》『安藤昌益』（平凡社、一九七六年）や小林博行『食の思想――安藤昌益』（以文社、一九九九年）でも詳細に論じられているとおり、安藤昌益は、医、農、食、性の四つの領域を貫く思想を編んだだけでなく、その思想を元に、耕すことなく民を支配する人間たち（不耕貪食もしくは不耕盗食をする人たち）を軽蔑する。そればかりか、身分制も男女差別も否定し、生きているものの平等な社会を構想したがゆえに、現代用語を借りてくれば、アナーキズム、エコロジズム、フェミニズム、コミュニズムとも重なる部分があると指摘されている。

安藤昌益がどうして、この生命の根拠を、出る、生まれる、成るといった動詞ではなく、わざわざ「洩るる」という動詞を使って説明したのか。安藤昌益について勉強を始めたばかりなので、あくまで不十分な読みに基づく推論にすぎないけれども、『統道真伝』の別の箇所で、権力者を痛烈に批判するときにこの動詞を用いている点を見逃すわけにはいかないだろう。「未だ交合せざる前に男の思発の神気、妻女に感通し、妻女の神、感通・応合し、暫くして誠成る交合を為し、動術暫くして精水出づ。故に精水洩れざる前に新感・妙通良く行われて、暫く後に洩るるなり」（二六一頁）。ところが、聖人（孔子、孟子、老子、孫子などの古代中国の思想家たち）は、ただやたらと水ばかりを人間を含む万物の始まりであると論じる傾向にある。つまり、さらさらとしていて、ひっかかりやもたれかかりがなく、いまの言葉でいえば「スマート」でありすぎて、水があらわれるまでの精妙な仕組みや緊張が無視されている。昌益は、それに対して、神妙な感じ合いのあとにようやく精水がひとりでにもれる現象を重視している。聖人と異なり、弾ける、という動きを昌益はとらえているように、私には思える。昌益はだからこそ、「出る」という能動態の動詞だけではなく、「洩るる」という他者との相互作用を前提とせざるをえないような動詞を用いているのである。

人間的な感の通じ合いの果てに、どうしようもなく、地から何かが湧き起こって、それが自分の意志とは関係なく、自然の摂理に基づいて流れ出る、というイメージが「洩るる」という言葉に込められている。

昌益の「土と内臓」論

しかも、昌益は、単に人間の生命の摂理を「洩るる」という動詞を手がかりとして描いただけではなかった。安永寿延は、安藤昌益が、人間の腸を活性化することと、土を活性化することを、どちらも「直耕」と呼んでいることに注目している。「直耕とは、このような身体の生命活動をモデルとした、システムの維持である。身体ないし生命が全宇宙に対して開かれているように、昌益のシステムは常に開かれた系である」（『安藤昌益』二二三―二二四頁）。安永は、最後の「開かれた系」という語に「オープン・システム」というルビを振っている。この「オープン」とは無限である、という意味ではなく、本来はお互いに閉じたものとして隔たっている土の世界と腸の世界がつながっていることを示す言葉だろうか。昌益が、デヴィッド・モントゴメリーとアン・ビクレーが近代科学の立ち位置から描いた『土と内臓』（築地書館、原典・翻訳ともに刊行は二〇一六年）の世界観を、すでに、一八世紀に示していたのは驚きである。

ただ、一八世紀の『統道真伝』は、この「土」と「内臓」の世界をも、「もれ」の意味を深くつなげて論じてはいないように思える。他方で、二一世紀の『土と内臓』はそこにこそ、土壌学や医学のまなざしを投じている。『土と内臓』によると、植物は、光合成で生じたブドウ糖を全部自分の生命維持のエネルギーに用いているのではなく、根を通じて、土壌中の微生物たちに分け与えている、という。つまり、もらしているのだ。さらに、動物の大腸も、微生物の居住環境を改善するために、腸壁から微生物が喜ぶエキスを洩らしている。安藤昌益が述べているように、農業とは人間が耕すのではなく、土壌中の微生物が、植物がもらしたものに寄り集まって、生きものたちの死骸や抜け殻や糞を食い散らかして耕すこと。これを「直耕」という。『土と内臓』では、これが「腸内微生物ガーデニング」と呼ばれている。食べものも人間の消化器官が吸収しているのではなく、消化器官を借りて微生物たちが腸壁から浸み出ているものにつられて集まり、生きものたちの死骸を「耕して」いるのである。化学肥料は、すでに栄養素が詰め込まれた機能性サプリメントのようなものなので、根も微生物も発達する余地があまりない。植物に散布した農薬が土壌に浸み込めば微生物の活動環境は汚染される。抗生物質の多投は、腸内環境を微生物が住みにくい場所に変え、肉と穀物だけで野菜と果物を食べない食生活は、大腸の微生物の大好物である繊維質の供給を減らし、活動環境は劣化する、とモントゴメリーとビクレーは警告する。

著者たちは、このような土壌中の様子を「地下のバイキング・レストラン」と表現している。また、そこでは「無料の食べもの」が与えられていると述べている。内臓も土のなかも人間には見えない。だが、この「世界の見えない半分」に、広大な微生物の無料食堂が広がっていたという事実は、縁食論を生物学的に支える論拠である。腸内無料食堂と根圏無料食堂、これをそれぞれ食と農、と私たちは呼んできた。これまで私が例示してきた縁食の空間は、これらの微生物レストランによって接続されて、ようやく全貌を見せるのである。そして、この人間、植物、微生物を横断する脱領域的な縁食を支える原理が、もれなのである。

「もれ」の効用

どうやら、「育つこと」と「交合すること」は、「もれる」というはたらきと深い関係にあるらしい。そういえば、私たちはいつのまにか「予選漏れ」や「申告漏れ」という言葉を無意識のうちに脳内の覇者にし、「もれ」のポテンシャルを見失ってきたらしい。そういえば、木もれ陽のきらめきは、葉と枝が吸収できない光のおこぼれがもたらす空気の建築である。窓枠の設置、すなわち外気と外光のもれこそが、囲われた空間に光と温度を与えることは、建築の基本中の基本だ。ところが、私たちの脳内は、完全遮断か完全開放かの二者択一にずっと支配されてきた。もれるという現象は、自然の成り行きなのに。

安藤昌益は、自然を「自《ひと》り然《す》る」と読ませる。『安藤昌益事典』(安藤昌益全集別巻、農山漁村文化協会、一九八七年)によれば、「自然」は「天地宇宙のマクロな運行から、微小な生物のミクロな世界まで」(二六八頁)の自己運動をあらわし、「支配・強制・教導のない、一切の他律のない、自治・自律」(二六九頁)という意味でも用いられる。

つまり、自治と自律の世界は、おのずからもれることが、誰かによって強制されない自由な世界だとも言える。そもそも、飲食物もまた「もれ」の芸術だと言ってよい。めったに食べられない「いくら軍艦」からこぼれ落ちたいくらのつぶつぶに、私は鮭の慈悲を感じる。お皿の上のコップに注がれる日本酒。居酒屋では、わざとこぼしてくれる。ご主人に思わず手を合わせたくなる。砕いたコーヒー豆のフィルターからもれるあの香り高い液体の洩れは、身体中の細胞を活性化する。かつお節からお鍋に浸み出るあの旨味。ああ、早く私の心を温めておくれ、と願いたくなる。どんぶりの上からはみ出た海老の天ぷらや穴子の天ぷら。はみ出ればはみ出るほど、ありがたい。ちなみに、「はみ」は「食み」であり、草を食んだ牛など動物の口から草が飛び出ているので「食み出る」となる。「もれ」の人文学にとっても示唆的だ。ハンバーグを切り分けたあと洩れ出るあの肉汁。洪水になればなるほど、舌が湿る。新鮮なトマトをかじる。口のなかにほとばしるあの汁。

豊穣の象徴である「もれ」「こぼれ」「あふれ」。拙著『分解の哲学——腐敗と発酵をめぐる思考』（青土社、二〇一九年）で論じたように、それは、ちょうど夜の闇が曙光《しょこう》によって明けるような「ほどけ」、そしてその語源が同じである「ほどこし」でもある。決壊して溢れ出る喜び。緊張と解放。生成と分解。食べることや飲むことは、この二極の競り合いのなかに生まれる行為である。

思えば、人が集まった場所で、いろいろと意見を出し合うとき、独り言のようにぽろっとこぼれた声が、議論を大きく前進させることを私はたびたび経験してきた。おそらくそれは、「自治」の問題と密接につながっているだろう。そのような言葉を「支配・強制・教導」することなく、かといって過剰に掬い上げることをしない空間づくりは、私の職場の重要な仕事である研究会運営の基本である。

基本的に食べものは「あまる」

ところで、少しだけ話を変えると、最近食品ロスがあまりにも増え、世界中で問題となっている。食品は、食べられるのに、どんどんゴミ箱に捨てられる。パックに入ったまま、水分もたっぷり含まれたまま、化石燃料を用いてどんどん燃やされる。水分の多いゴミがどれほど収集者たちの腰を痛めているかについては、藤井誠一郎『ごみ収集という仕事——清掃車に乗って考えた地方自治』(コモンズ、二〇一八年)という優れたエスノグラフィーを読んでいただきたい。ホテルの宴会では、ソースのたっぷりかかったローストビーフも、トロトロのコーンスープも、まるでそれが以前生きものではなかったかのように、捨てられていく。凄まじいエネルギーロスが日本では毎日焼却場で繰り広げられている。

とりわけ経済先進国の人びとは、しばしば、このような状態に対して、人間の倫理を問題にする。食べものを捨てるなんて、人間の風上にも置けないと、怒りの対象になる。私もこれまで何度も批判および自己批判してきたし、それを撤回する予定はいまのところない。

けれども、食品ロスの問題を、ひとりひとりの心がけの問題に落とし込む風潮には、大いに疑問を感じる。そもそも、食べものは人数に対して「あまる」ことが前提の行為ではないだろうか。問題は、その「あまり」をできるかぎり社会や自然に再び流す受け皿システムの弱さではないだろうか。食べものの経済が故障しているのではないだろうか。

かくいう私は、割り算で「あまり」が出てくる式がとても嫌いだった。憎しみさえ抱いていた。小学生特有の潔癖主義なのかもしれない。「12÷3＝4」は気持ちよかった。でも「12÷5＝2あまり2」では気持ちが晴れなかった。割り切れないのは、何か悪いものを見ているかのようだった。私にかぎらず、世間は「あまり」に対して冷たい。居酒屋に七人で訪れて、餃子が一二個だと困る。

けれども、私も大人になってようやく「あまり」の魅力に気づき始めた。ちょうど、木もれ陽のように、料理してできたものは、その食卓を囲む人たちの推定可食量よりもちょっと多めに準備されるのが本来的ではないだろうか。もちろん、それが不可能な経済状況や政治状況にある人びとが、つねにその不足に悩んでいることはいうまでもない。あまる食べものどころか、満たす食べものさえないことが、飢餓問題である。この現実は厳然として存在する。だけれども、どうして、地球の成員が食べて生きていけるほどの食べものが生産されているのに、地球上の八億の住民が飢えるのか。それは、経済先進国なり経済先進地域なりがその剰余の「もれ」と「持ち帰り」と「配分」というシステムを作り上げず、ひたすら過剰な衛生観念のもとに新品のまま捨てるという不完全かつ不健全なシステムしか作ることができなかったからではないのか。

食べものを商品化するとは、食べものを数値化することであり、食べものが値段と一対一の対応をすることである。けれども、その場合、食べものが作られすぎると値段が急落するので、市場に出回る前に廃棄処分になる。この余剰は、飢えた人びとには届かない。けれども、もしもその処分される農作物が、商品になる前に、市場とは別のルートで直接、調理場に運ばれ、そこの料理が直接、人びとによってほどこされるのであれば。もしも、その調理場では大量のカレーや豚汁が作られて、たまたま近くに立ち寄った人にも無料で振る舞われるとすれば。いや、そもそもすべての食材が商品化を断念して、直接、無料食堂に運ばれるような国があれば。その国にももちろんレベルの高い優れたレストランがあって、そのレストランは、この無料食堂のあまりものの食材を購入するとすれば、それでもあまったものは、燃やすのではなく、家畜に食べてもらったり、土壌微生物に食べてもらったりできるとすれば。社会の競争からもれでた人たちがふらっと立ち寄れる食べる場所が増えるとすれば。いったいそれはどんな社会だろうか。

別にそうなったからと言って、政府広報のポスターのように、人びとの笑顔が突然溢れだしたり、希望に満ち溢れたり、太陽光線が若者を照らしたりはしないだろう。ただし、自殺も、過労死も、食品ロスも、飢餓も、減少することは否定できない。弁当を作れない親の罪悪感も、シングルペアレントの罪悪感も、栄養たっぷりの朝ごはんを作れない親の罪悪感も、本来抱く必要のないはずのこれらの感情もまた、不必要な社会になることも間違いないし、それゆえに女性の社会進出も、女性の閣僚の数も、女性の大学教員の数も、増加することは想像できるだろう。家庭の台所に特定単数の性のみを貼り付けない、という未完のプロジェクトや、食の前の平等という歴史上ほとんど例をみない事業が人間の内面の何を変えるかは、シミュレーションに値することだと思う。

このような食の究極的なあり方を、私は縁食と呼んできた。もちろん、現在の食の形態が縁食の完成型に到達することは不可能に近いだろう。それほどまでに、食は激しく商品化され、オートメーション化され、硬直した所有権観念に侵犯されているからだ。だが、食を商品化することの無理は、多くのシステムを機能不全にしている。この国で賞味期限前に食べものが捨てられることが、その証である。

農業をすることは、植物が合成したブドウ糖のあまりをもらした場所に集まってきた無数の生きものたちとともに、土で生きものの死骸を耕すことである。食べることは、人間があまった栄養をもらした場所に集まってきた無数の生きものたちとともに、腸で生きものの死骸を耕すことである。性の営みは、交流のなかで高まる感情によってもれでる物質および非物質の交合である。昌益はそれらを「直耕」と表現した。この流れのなかに食の営みを置くことができれば、世界中の農村で問題化している土壌の劣化も、腸内の癌の増加にも、解決の糸口が見えてくる。では、そんな食の営みとは何か。答えはもう明らかだ。自然の耕した食べものがもれでた場所。そこに集まり、食らう人間たちやほかの生きもののとともに、地球社会を耕すことである。

（初出＝WEBみんなのミシマガジン「縁食論」ミシマ社、二〇二〇年三月二二－二三日更新）

2　パンデミックの孤独
――「居心地のよい空間」をめぐる人文学

パンデミックが機能させないもの

いま、多くの人たちが外出の制限を続けている。「共に食べる」という行為が、家庭のなかでしかできない。共食は、ほかの動物にはほとんど見られない行動である。しかも、人間は食べることを通じて、家族以外の人間とも関係を深めていく。つまり、人間が、動物でも植物でもなく人間である、ということを絶えず証明し続ける重要な機会のひとつを、私たちは停止している。「これが人間か」と自問しなければならないほどの悲しみや苛立たしさが、医療現場や介護現場でつぎつぎに抱かれているにもかかわらず。

話したり食べたりするのに必要な人間の諸器官は、ウイルスにとって「居心地のよい空間」にほかならない。口にせよ、鼻にせよ、舌にせよ、喉にせよ、それらの粘膜に覆われた諸器官を存分に利用して止まないレストランや居酒屋や給食や子ども食堂は、飛沫感染の恐れがあるため、やむをえず、店を閉めたり、中止したりせざるをえない。狭い部屋で口角泡を飛ばす研究会や会議は、ウイルスの増殖にとって最高のコンディションを提供する。ライブハウスにせよ、図書館にせよ、カフェにせよ、学生食堂にせよ、社員食堂にせよ、長居ができて、見知らぬ人と同じ空間にいても、大きな違和感もなく、おしゃべりや読書を楽しめる居心地のよい場所を、新型コロナウイルスの感染拡大は、もっとも危険な場所のひとつに変えてしまった。結局のところ、文化は、ヴァーチャル世界よりも「三密」の空間のほうが生まれやすいことを、「移動の制限」という犠牲を払って私たちは日々学んでいる。人間にとっていい場所はウイルスにとってもいい場所なのだ。

もちろん、普段はあまり一緒にご飯を食べない家族が一緒に食べるようになり、仲良くなったという新聞記事を読むこともある。残業で帰ってこなかった親が、家でご飯を作ったり、子どもの宿題を見たり、子どもを寝かしつけたりする機会も増えているだろう。家庭のなかで、家族が初めて本格的に機能している、という家も珍しくないかもしれない。これまでお飾りでしかなかったような台所が、ここにきてようやく家族の生命の土台という本来の機能を取り戻した事例もあるだろう。それは、これまでの働き方が異常であった証拠でもあるのだが。

ただし、喜んでばかりもいられない。家族以外の人と飲んだり食べたり笑ったりしながら、意見や情報やアイディアを交換したり、くつろいだりできる行為を、私は「個食」でも「共食」でもなく「縁食」と呼んできた。だが、「ステイホーム」の号令のもと、縁食は機能不全となった。「ホーム」に「ステイ」しにくい人、ホームに心地よさを感じない人、ホームが監獄でしかない人、ホームがそもそもない人、そんな人びとにとって、「ステイホーム」という命令形は、じつは、きわめて深刻な事態をもたらしているのである。

ひとり親の声が示す社会の脆弱性

二〇二〇年四月一〇日付『西日本新聞』の御厨尚陽《みくりやなおあきら》記者の記事は、こうした事態を考えるうえで、とても貴重なものである。この記事が報道しているのは、今回の災厄がひとり親世帯に直撃しているという事実だ。

御厨記者によると、北九州市の四一歳のシングルマザーは、身体障害のある長男を新型コロナウイルスの蔓延の影響で施設に預けられなくなり、仕事を一時的にやめざるをえなくなった。元夫からは養育費をもらっておらず、借金もあり、「泣きながら区役所に駆け込んだ」。彼女は一日一食しか摂らないで、残りを子どもに回している。フードバンクは家族の生命線だ。

小学生の長男と保育園児の長女を持つ熊本市の三四歳のシングルマザーは、「勤務先の飲食店から退職を促され、職を失った。ハローワークに通うが、次の仕事が見つからない。小学校の臨時休校で給食がなくなり食費もかさむ」。ひとり一〇万円の現金を給付する政策は、「一時的には助かるが、仕事が見つからなければ生活を立て直せない」と不安を抱えている。

北九州市にあるNPO法人「フードバンク北九州ライフアゲイン」によると、食材を提供する生活困窮家庭の世帯数は三月に入って約三割増えたというし、この法人の副理事長は、以前はおやつの需要が多かったが、最近はコメを求める家庭が多い、という。おやつではなくコメを必要とする。これが何を意味するのかは、もはや書くまでもないだろう。

また、ウェッブ版の「現代ビジネス」には、FRaU編集部のシングルマザーへのアンケートが掲載されている。あしなが育英会の奨学生保護者への質問であり、後世の歴史家が引用するにちがいない、貴重な史料と言える。

子どもたちは学校で給食を食べられない。自宅の食費・光熱費がいつもよりかかると子どもに漏らすと、「子どもから『一日二食でも構わない』と返事がきました」という福井県のシングルマザーの声。「仕事ができなく収入が減って、食べるばかりの子達なのでお金がない。電気代水道ガス代がかかるからもう家族全員で路上生活するしかありません」と言う福島県のシングルマザーは、糖尿病を患っていて、感染したときの重症化のリスクを背負う。そのとき、子どもたちは取り残される。

症状が現れたときの恐怖は、尋常ではない。千葉県のシングルマザーはこう述べる。「不安で仕方ありません。この前熱が三八度まで出たとき『私がコロナで隔離されて死んだら、娘はどうやっていまの生活を処理し、ひとりぼっちなのにどうやって、死んだあとのことをするのか』とそればかりで、生きた心地がしませんでした。熱があっても病院にも行かないで、トイレも這うようにして熱であえぐのに、困ったことを助けてという行き先もなく、娘に買い物をしてもらって泣いて布団にいるだけのみじめさを、国の議員さんになんかわからないと思います」

北海道のシングルマザーは、仕事が休みになり、収入が減るなかで、高校には入学のための諸経費を払わなければならないが払えないと訴える。政府には「生活費の支給を望みます。商品券ではなく現金を望みます」と要望する一方で「いくら頑張っても格差がうめられず」と漏らす。この言葉には、シングルマザーの苦境が、各々の自己責任ではほとんどなく、政府が労働者を保護するための規制を緩め続けてきたこと、政府が再分配を失敗したせいであることが如実にあらわれている。

シングルマザーの言葉の有用性

こうした恐怖は、新型コロナウイルスが蔓延するずっと前から存在し、持続してきた。そして、それゆえに、シングルマザーの指摘は、凡百のコメンテーターの発言を凌駕する社会構築のヒントが詰まっている。

この点、やや迂回するけれども、上記のアンケートの記事に対する「コメント」からみていきたい。これは匿名であるだけ、日本人の「無意識」を示す貴重な歴史的史料である。

私もシングルマザーで子供を二人育てているけどこんな貧困ではない。まず東京に住むのをやめては？　仕事を選ばず働けばいい。その年収なら非課税世帯のはずなので色々免除されたり、児童扶養手当も満額なはず。くれぐれ、ばかりいってないでもっと自分でできることを探したら？

このコメントは、もっとも読まれていて、もっとも賛同が多い。ある程度の月収が確保されているシングルマザーからの発言であると思われる。苦労や努力を重ねてきたことも、十分に推測できる。だが、このコメントは自己責任論形式の繰り返しで、発言に根がきちんとついていないので、根源的な批判になりえていない。

その理由として第一に、そのコメントの主やその愛する人が、この災厄によって、あるいは災厄の始まるずっと前から、いつも同様の立場になりえたし、将来なりうることへの想像力を欠いている。言葉を交わし、それを残していく作業のなかで重要な前提条件は、自分の未来が不安定でありうることへの想像力の確保であるというのに。

第二に、政府の給付金が個人ではなく世帯に振り込まれる政府のやり方にみられるように、家父長制的思考、つまり、家族のなかの一致団結を前提として考える思考が、危機の時代にはとりわけ、まったく使いものにならないからである。いま自分が歩いている道が唯一の道ではない、という冷静な自己認識もまた、公共空間で創造的な対話をしていくうえで欠かせない資質である。

第三に、看護師にせよ、清掃員にせよ、スーパーの店員にせよ、「テレワーク」が不可能な仕事によって、テレワークが可能な仕事が保証されている事実を見逃すという論理の脆弱性を示しているからである。「仕事を選ばず働けばいい」という提案が、仕事を選ぶことができる人間からなされているとしたら、それは社会の仕組みを理解していない。職業選択の自由が憲法でうたわれるのは、身分制による職業の固定を打破してきた世界史の達成があるからだ。職業選択の自由権の制限が許されるとすれば、それは、その権利の延長として存在する「営業の自由権」が貧困層の暮らしを阻害してまで行使されることを「公共の福祉」の名において制限することであろう（このあたりの問題については、円谷勝男「職業選択の自由権について」『東洋法学』三七巻二号、一九九四年、から学んだ）。

だが、ここでは、まったく逆のことが考えられている。ひとり親を身分的に固定したうえで、這い上がれないのは個人の責任だと決め付けて、なおかつ「営業の自由」がひとり親に対する生命活動を阻害することをそのまま放っておく、という意見である。上記の「移動の自由の制限」の提案などからは、身分制への回帰への衝動を感じさえする。「生活保護を受ける世帯」を差別する身分制である。「高みの見物」はしばしば自分自身の未来さえ見失うほど論理が破綻することがあり、やはりまったく役に立たない。言葉を交わすうえで重要な前提条件は、自分の存在条件を自分であるとしかみない視野狭窄《きょうさく》を廃棄することである。

第四に、誰がどの権限で、東京から別の地域に移動して、そこで職を見つけて働けと言えるのか、ということである。政府が、働く場所を確保できているならば、たとえば、労働力不足が危ぶまれる農山漁村で働く場所をきちんと確保したうえであれば、まだ、少しはこのような発言から批判的に政策を考えていく可能性もあるかもしれない。しかし、これだけ、移動中の感染リスクや引越先での生活のリスクが明らかになっているうえに、仕事の場所も確保されていないことを無視して、「東京に住むのをやめては」と提案するのは、「生きるな」と宣告しているのとあまり変わらない。

新型コロナウイルスは、よく言われるように「平等なウイルス」などではけっしてない。社会や政治という現象を消し去った真空状態ならば平等かもしれない。しかし、人間はそんな、摩擦のない世界を生きていけない。住んでいる場所や働いている場所によって、ウイルスの居心地のよさや増殖力は異なる。たとえ感染しなくても、感染症の拡大による経済活動の停止が、体や心が弱っている人びとや弱りやすい経済状況にある人びとの健康を蝕んでいく。新型コロナウイルスは、人間を平等にするのではなく、不平等をより拡大していく災厄にほかならない。

このような「高みの見物」が提出する論点の凡庸さに対し、先述のシングルマザーたちの発言は、歴史学的に重要な論点を提出しているという点で、思考に役立つ。自己責任論にあるように厳しい社会をどのように乗り越えるべきか、という論点ではなく、どういう社会が生きやすいか、という論点にほかならない。彼女たちにとって、子ども食堂やフードバンクの試みや給食という制度は、子どもたちを成長させるためだけではなく、子どもたちに「二食でいいよ」という気遣いをさせない、子どもに買いものをさせる罪悪感を母親たちに感じさせない、急病に襲われてもひとまず子どもたちが食べていける場所があると考えることができてあの罪悪感を感じなくて済む、という意味において、子どもだけでなく親たちの精神的な「居心地のよさ」を作っていたことを示している。

それはつまり、公的な支援をしてもらっても罪悪感が生じない社会設計のあり方の基本である。縁はコントロールできないが、誘《いざな》うことはできる。

私のまわりにもひとり親はたくさんいるが、私に漏らす不満のひとつは、どこかに異議申し立てをしたとき「なめられやすい」ということである。とりわけ、女性がひとりであることに対して行政の対応者が優位性を示すことがしばしばあるという。もちろん、親身になって対応する窓口の対応者もいるけれども、差別意識と発言者の思考の浅薄さを露骨に晒《さら》されることが多い。とともに、それと並んで鬱陶《うっとう》しいのが、イニシエーションのような行政の制度設計だ、ということを聞いたのも一度や二度ではない。ひとり親であることによって、ちょうど障害者がそうであるように、居心地のよい市民生活を送るために、いちいちイニシエーションのような手続きを踏まされ、ありがたさを感じなさい、と言わんばかりのメッセージが陰に陽に伝えられることである。ほかならぬ、経済格差を放置してきたはずの中央政府や地方政府が、こうしたイニシエーションを準備するのである。

子どもたちに「一日二食でいいよ」と親に言わせる社会は端的に言って失敗である。なんの手続きも踏ませずに、普通に食にアクセスできるような社会、生命維持物資の提供に対し「ありがとう」という見返りを求めない社会の設計もまた、その生命維持物資の生産や消費にも増して重要だと考える。つまり、「居心地のよさ」である。

「サードプレイス」について

「居心地がいい」と感じるポイントは多彩だろう。ただ、多くの人にとって居心地よく感じる場所があるだろうという前提で、社会の設計について考えた書籍がある。レイ・オルデンバーグの『サードプレイス――コミュニティの核になる「とびきり居心地よい場所」』（忠平美幸訳、みすず書房、二〇一三年、原典は一九八九年）は、「三番目の場所」についての社会学の論考である。一番目は家庭、二番目は職場。これら二つの場所は、これまでよく論じられてきたし、考えられてきた。だが、カフェ、居酒屋、バーやパブのような、家族以外の人と好きなときに気兼ねなく集まって、おしゃべりができるような場所については、それほど考えられてこなかった、というのがオルデンバーグの一九八九年段階での社会学研究に対する批判であった。気兼ねがないというのはつまり、いちいちイニシエーションがいらない、ということに等しい。ここがポイントである。

多くの研究論文で引用されてきたオルデンバーグの概念は、「とびきり居心地よい場所 the great good place」である。見知らぬ人同士でも一緒にいられ、食べものや飲みものを共有しつつ、情報を交換したり、意見を交わしたりできる場所である。この場所の常連になれば、いつ入っても、我が家のように自由に動けて、自由にくつろぐことができる。狭い場合が多いので、すでに述べたように、ウイルスや病原菌にとっても「とびきり居心地よい場所」にほかならない。

最良のサービスを最大限に提供するサードプレイスは、人が昼夜を問わずほとんどいつでも、きっと知り合いがそこに居ると確信して一人で出かけて行けるところだ。そんな場所が用意されているのは、孤独や退屈に見舞われたときや、その日に受けた重圧や不満を解消するために良い仲間たちに囲まれてくつろぐ必要があるときの強い味方だ。(『サードプレイス』八二頁)

一軒家のなかに一通りの娯楽が揃い、テレビ番組が発達し、移動を自動車に頼るしかない郊外住宅を典型とするアメリカでは、このような場所が非常に少ない、とオルデンバーグは嘆く。アメリカ社会が、都市近郊の個別住宅で、自由に個人的に過ごすスタイルを確立してしまったため、たとえばパリやウィーンのカフェやイギリスのパブのような公共空間が存在していない。これは都市計画の失敗だ、という痛烈な批判を繰り返す。興味深いことに、オルデンバーグの「サードプレイス」という概念は出版当時のアメリカで、ひとつの社会現象となり、アメリカ各地でこの理念に賛同した人たちが、そのような人たちのコミュニティーの中核になるような場所を作ったという。ちなみに、日本ではまだ残っているとはいえ、大規模都市再開発によって徐々にサードプレイス的な場所が消え、ショッピングモールや、大型の自動車専用道路や、チェーンやフランチャイズの飲食店の展開によって消えつつあるのは正直否めない。

オルデンバーグは、イギリスのパブ、フランスのカフェ、ウィーンのコーヒーハウスなど、さまざまなケーススタディーを調査し、それぞれの「くつろげる」理由について考えている。

「サードプレイス」はひとり親を排除するのか

だが、読者の思考を喚起させるような彼の議論には、他方で思考が行き届いていない点があることも看過できない。それは、単に、アメリカにもそのような場所がたくさんあるという点だけではない。これまでも指摘されてきたが、「サードプレイス」が持つ排除についての考察である。オルデンバーグによると、このような空間には、どうしても常連意識が生まれ、その意識こそが肩書きを外し、自由に振る舞えることを可能にしている。それはそのとおりである。だが、その排除性について、オルデンバーグは、排除される側の空間が社会的に形成されてきた歴史については、きわめて鈍感である。とくに、オルデンバーグはサードプレイスから女性が排除されるのは致し方ない、この居心地の良さを求める男性たちを女性たちは温かく見守ってきた、ということを臆面もなく述べている。本書の解説を担当しているマイク・モラスキーも、この点については「著者の女性に対する認識が『古い』としか言いようがない」と苛立ちを隠せない。また、人と群れることが嫌いな人も、「サードプレイス」からは除外されている。

私がこれまでの論考で考えてきた「縁食」という食の形式は、男性たちが家族と仕事のしがらみから離れて、ある程度のルールを守り、言語ゲームを楽しむという「サードプレイス」モデルとは異なる。たしかに、「居心地のよさ」や「空気づくり」といった点を注視するのは共通しているが、決定的な違いは、これまで述べてきたひとり親の視点の欠如、逆にいえば、近代的古典的家族観への彼のノスタルジーが、その「居心地のよさ」の社会的機能に向かわずに、単にコミュニティーの「活性化」という内向きの議論に落ち着いてしまっていることだ。

「サードプレイス」が持つ機能のなかで、オルデンバーグは重大な機能を見落としている。それは、排除的な社会をほぐしていく機能にほかならない。パンデミックの孤独を生きるひとり親たちにとって、オルデンバーグの「サードプレイス」に浮上するきっかけはあらかじめ閉ざされている。ひとり親に向けられる眼差しを再生産することはあるだろうが、それを解体していくことはできない。「サードプレイス」の「居心地のよさ」は、こうした眼差しに支えられることになる。

だが、本来の縁食的「サードプレイス」とは、そうではない。逃げ場であり、異議申し立ての場であり、異種混交の場であるのだが、それら以前に、とりあえず食べものにありつける場所である。人と群れることが嫌いな人でも、少なくとも居ることを阻害されない場所である。そこで食べものをもらっても、先ほどのサイトへのコメントにあったように、「くれくれ、ばかりいってないでもっと自分でできることを探したら？」とは誰も言えない空間である。なぜなら、誰もが「くれくれ」と言っているからである。

縁食的サードプレイスは、仲間意識や同一性を確認するだけの、ナルシズムの共同体はもちろん、ナルシズムそれ自体が分解されていく場所でもある。なぜなら、誰もが食べものをねだれる場所だから。食べものを欲しがっている人が、別の人に対して「くれくれというな」とは、さすがに恥ずかしくて言えない。恋人と別れた人や、障害があるからと言って相手にされなかった人や、異議申し立てを適当にあしらわれた人や、職を失った人たちや、テストに失敗した人や、学校のいじめや家庭内暴力や共同体の暴力から逃れてきた人や、就職活動で人格を否定された人や、そんな人たちが、面倒な手続きと言い訳と顔色の窺いと差別の眼差しと、できれば金銭支払いもすべてカットして食べものにありつける場所が、国や地方の政府が経済的に支えるだけで、口を出さず、作られていくならば、少なくともそこは「居心地のよい場所」と名乗ってよいだろう。日本の福祉制度には、「ありがたく思いなさい」という自動音声が組み込まれたシステムが多すぎるように私には思われる。

残念なことに、パンデミックの時代、私たちはこのような場所を増やすことができない。不況と失業がこれから怒濤の如くひとり親世帯の生活を襲うのに合わせて、各国の輸出制限による世界的な食糧危機の可能性も、すでに国連諸機関から警告されている。泣きっ面に蜂である。まさに縁食が必要なときにかぎって、すでに述べたように、ウイルスが感染しやすい場所としてサードプレイスが忌避されている。「自粛を要請する」という、まるで「フリーの練習を強制する」という部活動のような自己責任に落とし込もうとする矛盾した日本語で、閉じられようとしている。ほかならぬ、政府の失敗を補う空間であったのに。

それでも上記のようなフードバンクや、子ども食堂が弁当を作るという方法で、あるいは、ただでさえ生計が苦しい飲食店が、給食や弁当のない子どもたちに安価な、あるいは無料の弁当を提供して、弱い場所へと追いやられていく人たちを救い続けている。コロナ前から始まっていたこうした場所は、すでにコロナ後を見据えた先駆的試みと言わざるをえない。じつはこの世界を「居心地が悪い」世の中だと感じてきた人びとや、今回の災厄で感じた人びとは、もはや、コロナ前の世界にノスタルジーを感じることはないからである。

アウシュヴィッツの縁食

アウシュヴィッツ強制収容所からの帰還者のイタリア人であるプリーモ・レーヴィの『これが人間か』（竹山博英訳、朝日選書、二〇一七年）には、アウシュヴィッツ強制収容所での不思議な食の光景が描かれている。アウシュヴィッツで栄養価の低い食べものを食べるしかない収容者たちの食べ方は、まるで動物である。

立ったまま、口と喉がやけどするのもかまわずに、息する間も惜しんで、がつがつとむさぼる私たちの様は、本当に「餌を食らう」という動物の食べ方なのだ。明らかに、テーブルについて祈りを捧げて「食べる」、人間の食べ方ではない。「餌を食らう」とは実にぴったりな言葉で、私たちの間では普通に使われている。（『これが人間か』九五頁）

ところが、そんな動物たちのような収容所の食事の風景に、束の間の「サードプレイス」が浮上するのである。まさに「居心地のよい空間」だ。それは、レーヴィが属すコマンドーのテンプラーという男が、どこからともなくくすねてきた五〇キロの濃くて熱いスープを、一五人の構成員で山分けした、という経験である。ひとり三リットルの濃くて熱いスープを飲むことができるのだ。これはアウシュヴィッツではほとんど奇跡に近い食事である。そして、テンプラーが飲む番になったとき、「全員一致で、鍋の底から汲んだ濃いスープが五リットル与えられる」（九五頁）。ドイツ人の監督もスープにありつけるので、黙認している。

皆はテンプラーに感謝の言葉を投げかける。それから、「テンプラーは少しの間便所にこもり、準備を整え終えた、晴れ晴れとした顔で現われ、すべてのものが笑顔で迎えるなか、自分の手柄の果実を味わいに向かう」。監督は言う。「どうだ、テンプラー、スープを入れるのに十分な場所をひり出せたのか」

つまり、テンプラーの胃袋は、収容者と監督の、感謝とユーモアの共有スペースである。全員が同意をして感謝を流し込む場所なのである。人間と人間が安定した社会的条件で対面するところではなく、人間と動物との境界領域が危うくなってほどけてきたところから、逆に強烈な「人間的なるもの」が漂ってくる、という点が興味深い。「日暮れ時に仕事仕舞いのサイレンが鳴る。私たちはみな、あと何時間かは満腹状態だから、上機嫌で喧嘩も起こらない」。「そしてめったにないことなのだが、私たちは母親や妻のことにも考えをめぐらすことができる。今は、しばらくの間、自由人に帰ったかのように、不幸な気持ちを味わえるのだ」（九六頁）

よく知られているように、レーヴィは多くの作品を解放後に残したあと、一九八七年に自殺を遂げている。このスープを飲んだ被収容者たちも、どれほどの人間がこのあとに殺されたのかわからない。そしてくすねてきたスープが一体もともとは誰のものだったのかはここでは明らかにされない。しかも、スープの効果はたちまち消えてしまう。しかしながら、五〇キロのスープが、これほどまでに荒《すさ》んだ心を、荒んでいることを味わえるまでには回復させる事実、そして、極限の状態であっても、スープに集まる人びとに、他者を気遣い、他者と言葉を交わし合う「居心地のよい空間」を味わわせた事実は、いまもなお、殺されていないはずである。

（初出＝WEBみんなのミシマガジン「縁食論」ミシマ社、二〇二〇年五月三－四日更新）

あとがき

本書は、二〇一四年から二〇二〇年まであしかけ七年にわたって、ミシマ社の雑誌『ちゃぶ台』や『みんなのミシマガジン』のほかに『大人ごはん』、『ARDEC : World Agriculture Now』で執筆したエッセイのアンソロジーである。それぞれ、論じる対象はバラバラだが、どれもが「縁食」というひとつの概念に向けて書かれている。これだけ縁食が自由にできないストレスにさらされている時代に本書が刊行されるのは不思議な縁であるが、私はあまり驚かない。そもそも、ずっと現代社会は縁食のスペースを囲い込んできたのであり、その反動として、児童館の数に迫る「子ども食堂」をはじめ、各地の縁食の試みもまた爆発的に増えていた矢先だったからだ。そして、コロナ禍が収まりを見せた頃、新しい社会をスケッチするときの鉛筆として、縁食はきっと大きな存在感を示すはずだと私は信じている。

パッケージ、賞味期限、広告、ビニールラップ、防腐剤、パーテーション、強制、イニシエーション、家族絶対主義、そういったもので満たされる経済システムが制度疲労を起こすなかで、弱目的性、多機能性、もれ、あまり、にぎわい、言葉屑、食べ心地、無料、微生物、死者、祭りといったもので満たされる縁食の存在を示す本書の試みがどこまで成功したのかはわからない。論じ切れていない部分も多いと思う。ただ、縁食の形態、事例、思想などの検証を通じ、最終的には、家族絶対主義を解きほぐし、「根圏無料食堂」と「腸内無料食堂」、そして「人間無料食堂」をつなぐ種を超えた縁食のラフスケッチまでは描けたと思う。こうして、「オープンである」ということ以外に深い目的のない縁食が、炊き出しのリヤカーを引く今村さんのかざぐるまのように、現代社会の凍った空気に色と熱を与えるのならば、いまよりは多少居心地のよい世界が実現したっておかしいことではないと思いたい。

二〇一六年一〇月に『ちゃぶ台Vol.2』に寄稿した「縁食論」で、初めて「縁食」という言葉を用いて、孤食でも共食でもない食のあり方について考えてきた。「その道のりはけっして平坦ではなかった」と書きたいところだが、この本にかぎっては、そういう湿気のある感じは似合わない。ミシマ社のスタッフのみなさん、とくに三島邦弘さんや野﨑敬乃さんたちの絶え間ない朗らかな励ましのおかげで、執筆の道のりが平坦だったたかデコボコだったのか、いまだに思い出せないのである。

ただ、縁食論を連載中、いろいろな子どもや大人や生きものと縁を結ぼうとされている、全国の食に関わるお店の方や子ども食堂を運営している方と知り合いになれたことは、私にとってうれしいことであるとともに、やはり生半可なことは書けないという緊張感を与えるものだった。こうやって長年の宿題を果たすことができ、ほっとしている。あとは現実に縁食を実現されている方のご批判を坐して待ちたい。

ミシマ社のご縁も本書の重要な要素である。周防大島のことをちょっと書いたのは、『ちゃぶ台』で一緒に連載していた、内田健太郎さん（とんでもなくおいしい蜂蜜を作られる瀬戸内タカノスファームの養蜂家）が大島の講演会に呼んでくださったからであるし、トラック島での餓死体験を生き延びた瀧本邦慶さんは、私が発起人のひとりである「自由と平和のための京大有志の会」とミシマ社とで共催した戦争体験を語り継ぐイベントでお話しくださった方である。瀧本さんは残念ながらお亡くなりになったが、瀧本さんの「もっと怒らなあかん」というメッセージは、怒ることの苦手な私の頭にいまも深く根づいている。

なお、縁食論の歴史学的な背景については、拙著『カブラの冬』(人文書院)と『決定版　ナチスのキッチン』(共和国)、生態学的哲学的背景については、『分解の哲学』(青土社)で論じているので、合わせてお読みになるとより理解が深まるのではないかと思う。

ずっと、戦地で死に別れた友たちへのうしろめたさゆえに、あえて「怒り」を忘れず、天に届くほどの大きな声で戦争体験を語ってきた瀧本さんが、天国で久しぶりに会った友たちとうまい銀シャリをほお張っておられることを祈りつつ、筆を擱《お》きたい。

二〇二〇年九月　京都にて

藤原　辰史

藤原辰史
ふじはら・たつし

1976年生まれ。
京都大学人文科学研究所准教授。専門は農業史、食の思想史。
2006年『ナチス・ドイツの有機農業』で日本ドイツ学会奨励賞、
2013年『ナチスのキッチン』で河合隼雄学芸賞、
2019年日本学術振興会賞、同年『給食の歴史』で辻静雄食文化賞、
『分解の哲学』でサントリー学芸賞を受賞。
著書に『カブラの冬』『稲の大東亜共栄圏』『食べること考えること』
『トラクターの世界史』『食べるとはどういうことか』
『農の原理の史的研究』『歴史の屑拾い』『植物考』
『これからの日本で生きる経験』『中学生から知りたいウクライナのこと』
(小山哲との共著)など多数。

縁食論——孤食と共食のあいだ

2020年11月22日　初版第1刷発行
2023年4月12日　初版第6刷発行

著　者　藤原辰史

発行者　三島邦弘
発行所　株式会社ミシマ社
　　　　郵便番号　152-0035
　　　　東京都目黒区自由が丘2-6-13
　　　　電話　03-3724-5616　FAX　03-3724-5618
　　　　e-mail　hatena@mishimasha.com
　　　　URL　http://www.mishimasha.com/
　　　　振替　00160-1-372976

装　丁　鈴木千佳子

印刷・製本　株式会社シナノ
組　版　有限会社エヴリ・シンク

ISBN　978-4-909394-43-9

ISBN：978-4-903908-98-4　1700円（価格税別）

ちゃぶ台6
特集：非常時代を明るく生きる

ミシマ社（編）

「生活者のための総合雑誌」として、
今号よりリニューアル。
非常事態が日常となった今、「正しい道」ではなく、
「息のしやすそうな道」を見つけるために。
土井善晴「地球とAIと人間」（論考）、
藤原辰史・松村圭一郎「分解とアナキズム」（対談）、
益田ミリ「のび太と遊んだ空き地」（エッセイ）、
町屋良平「猫の顎のしたの三角のスペース」（小説）、
齋藤陽道「時間が残った」（フォトエッセイ）ほか。

ISBN：978-4-909394-42-2　1600円（価格税別）